CONCÍLIO ECUMÊNICO VATICANO II

LUMEN GENTIUM

CONSTITUIÇÃO DOGMÁTICA SOBRE A IGREJA

CB061311

Paulinas

©Amministrazione del Patrimonio della Santa Sede Apostolica e
©Dicastero per la Comunicazione - Libreria Editrice Vaticana, 1965

Publicação autorizada ©Conferência Nacional dos Bispos do Brasil

23ª edição – 2011
10ª reimpressão – 2025

Nenhuma parte desta obra poderá ser reproduzida ou transmitida por qualquer forma e/ou quaisquer meios (eletrônico ou mecânico, incluindo fotocópia e gravação) ou arquivada em qualquer sistema ou banco de dados sem permissão escrita da Editora. Direitos reservados.

Cadastre-se e receba nossas informações
paulinas.com.br
Telemarketing e SAC: 0800-7010081

Paulinas
Rua Dona Inácia Uchoa, 62
04110-020 – São Paulo – SP (Brasil)
📞 (11) 2125-3500
✉ editora@paulinas.com.br
© Pia Sociedade Filhas de São Paulo – São Paulo, 1965

PAULO BISPO

SERVO DOS SERVOS DE DEUS
JUNTAMENTE COM OS PADRES DO SAGRADO CONCÍLIO
PARA PERPÉTUA MEMÓRIA

CAPÍTULO I

O MISTÉRIO DA IGREJA

Introdução

1. Cristo é a luz dos povos. Por isso, este sagrado Concílio, congregado no Espírito Santo, deseja ardentemente, anunciando o Evangelho a toda criatura (cf. Mc 16,15), iluminar todos os homens com a claridade de Cristo que resplandece na face da Igreja. E, retomando o ensino dos concílios anteriores, propõe-se explicar com maior rigor aos fiéis e a toda a gente a natureza e a missão universal da Igreja, a qual é em Cristo como que sacramento ou sinal, e também instrumento, da união íntima com Deus e da unidade de todo o gênero humano. As presentes condições do mundo tornam ainda mais urgente este dever da Igreja, a fim de que todos os homens, hoje mais intimamente ligados por vínculos sociais, técnicos e culturais, alcancem também unidade total em Cristo.

Os desígnios do eterno Pai para a salvação de todos os homens

2. Por decisão inteiramente livre e insondável da sua bondade e sabedoria, o eterno Pai criou o mundo, decidiu elevar os homens à participação da sua vida divina e não os abandonou quando pecaram em Adão; antes, proporcionou-lhes sempre os auxílios necessários para se salvarem, na perspectiva de Cristo Redentor, "que é a imagem do Deus invisível, o primogênito de todas as criaturas" (Cl 1,15). A todos os eleitos o Pai "designou desde a eternidade, predestinando-os a reproduzirem a imagem de seu Filho, a fim de que seja ele o mais velho de uma multidão de irmãos" (Rm 8,29). Aos que acreditam em Cristo quis convocá-los na santa Igreja, a qual, tendo sido prefigurada já desde a origem do mundo e preparada admiravelmente na história do povo de Israel e na antiga aliança,[1] foi fundada "nos últimos tempos" e manifestada pela efusão do Espírito, e será consumada em glória no fim dos

---

[1] Cf. são Cipriano, Epist. 64,4: PL 3, 1017. CSEL (Hartel), III B, p. 720. Santo Hilário de Poitiers, In Mt 23,6: PL 9, 1047. Santo Agostinho, passim. São Cirilo de Alexandria, Glaph. in Gen., 2, 10: PG 69, 110 A.

séculos. Então, como se lê nos santos Padres, todos os justos, a começar por Adão, "desde o justo Abel até o último eleito",[2] serão finalmente congregados na Igreja universal junto do Pai.

A missão do Filho

3. Veio pois o Filho, enviado pelo Pai, que ainda antes da criação do mundo nos escolheu nele e nele nos predestinou à filiação adotiva, porque lhe aprouve instaurar em Cristo todas as coisas (cf. Ef 1,4-5 e 10). E Cristo, para cumprir a vontade do Pai, inaugurou na terra o reino dos céus, cujo mistério nos revelou; e pela sua obediência, consumou a redenção. A Igreja, reino de Cristo já presente em mistério, cresce visivelmente no mundo pelo poder de Deus. Princípio e incremento significados pelo sangue e pela água que manaram do lado aberto de Jesus crucificado (cf. Jo 19,34) e anunciados pelas palavras do Senhor ao falar da sua própria morte na cruz: "E eu quando for levantado da terra atrairei todos a mim" (Jo 12,32, grego). Sempre que no altar é celebrado o sacrifício da cruz, no qual Cristo imolado é a nossa Páscoa (1Cor 5,7),

---

[2] Cf. São Gregório Magno, Hom. in Evang. 19, 1: PL 76, 1154 B. Santo Agostinho, Serm. 341, 9, 11: PL 39, 1499ss. São João Damaceno, Adv. Iconocl., 11: PG 96, 1358.

atua-se a obra da nossa redenção. O sacramento do pão eucarístico representa e realiza a unidade dos fiéis, que constituem um só corpo em Cristo (cf. 1Cor 10,17). Todos os homens são chamados a esta união com Cristo, luz do mundo, do qual procedemos, pelo qual vivemos e para o qual tendemos.

O Espírito santificador da Igreja

4. Consumada a obra que o Pai confiara ao Filho para que ele a realizasse na terra (cf. Jo 17,4), no dia de Pentecostes foi enviado o Espírito Santo para santificar continuamente a Igreja e assim dar aos crentes acesso ao Pai, por Cristo, num só Espírito (cf. Ef 2,18). Este é o Espírito da vida, a fonte da água que jorra para a vida eterna (cf. Jo 4,14; 7,38-39); por ele, o Pai dá vida aos homens mortos pelo pecado, até que um dia ressuscitem em Cristo os seus corpos mortais (cf. Rm 8,10-11). O Espírito habita na Igreja e nos corações dos fiéis, como num templo (cf. 1Cor 3,16; 6,19): neles ora e dá testemunho de que são filhos adotivos (cf. Gl 4,6; Rm 8,15-16 e 26). Leva a Igreja ao conhecimento da verdade total (Jo 16,13), unifica-a na comunhão e no ministério, dota-a e dirige-a com diversos dons hierárquicos e carismáticos, e embeleza-a com os seus frutos (cf. Ef 4,11-12; 1Cor 12,4; Gl 5,22). Faz ainda rejuvenescer a Igreja com a força do Evangelho, renova-a continuamente e eleva-a à união consumada com o seu Esposo.[3] Pois o Espírito e a Esposa dizem ao Senhor Jesus: "Vem!" (cf. Ap 22,17).

Assim aparece a Igreja inteira como "povo congregado na unidade do Pai e do Filho e do Espírito Santo".[4]

O reino de Deus

5. O mistério da santa Igreja manifesta-se logo na sua fundação. O Senhor Jesus deu início à sua Igreja com a pregação da Boa-Nova, quer dizer, da vinda do reino de Deus, prometido havia séculos nas Escrituras: "Os tempos estão cumpridos, e o reino de Deus está iminente" (Mc 1,15; cf. Mt 4,17). Este reino começa a aparecer claramente aos homens nas palavras, nas obras e na presença de Cristo. A palavra do Senhor é comparada à semente lançada ao campo (Mc 4,14): quem a ouve com fé e entra a fazer parte do pequeno rebanho de Cristo (Lc 12,32), esse recebeu o reino de Deus; e a semente germina então por virtude própria e cresce até o tempo da ceifa (cf. Mc 4,26-29).

---

[3] Cf. SANTO IRINEU, Adv. Haer. III, 24, 1: PG 7, 966 B; HARVEY 2, 131; d. Sagnard Sources Chr., p. 398.
[4] SÃO CIPRIANO, De Orat. Dom. 23: PL 4, 553; HARTEL, III A, p. 285. SANTO AGOSTINHO, Serm. 71, 20, 33: PL 38, 463ss. SÃO JOÃO DAMACENO, Adv. Iconocl., 12: PG 96, 1358 D.

Também os milagres de Jesus comprovam que o reino de Deus já chegou à terra: "Mas, se eu expulso os demônios pelo dedo de Deus, é que chegou até vós o reino de Deus" (Lc 11,20; cf. Mt 12,28). Contudo, o reino manifesta-se principalmente na própria pessoa de Cristo, Filho de Deus e Filho do homem, que veio "para servir e dar a sua vida em redenção de muitos" (Mc 10,45).

Depois de haver sofrido a morte na cruz pelos homens, Jesus, ressuscitando, apareceu constituído Senhor, Messias e Sacerdote eterno (cf. At 2,36; Hb 5,6; 7,17-21), e derramou sobre os seus discípulos o Espírito prometido pelo Pai (cf. At 2,33). A partir de então a Igreja, enriquecida pelos dons do seu fundador e observando fielmente os seus preceitos de caridade, de humildade e de abnegação, recebe a missão de anunciar e estabelecer em todas as gentes o reino de Cristo e de Deus, e ela própria constitui na terra o germe e o início deste reino. Entretanto, no seu crescer lento, aspira ao reino perfeito, e com todas as suas forças espera e deseja unir-se ao seu Rei na glória.

Várias imagens da Igreja

6. Assim como no Antigo Testamento, a revelação do reino foi muitas vezes apresentada em figuras, também agora a Igreja nos dá a conhecer a sua natureza íntima servindo-se de imagens — tiradas quer da vida pastoril, da agricultura e da construção, quer também da vida familiar e do noivado, imagens já delineadas nos livros dos Profetas.

A Igreja é um *redil,* cuja porta única e necessária é Cristo (Jo 10,1-10). É um rebanho, do qual o próprio Deus anunciou haver de ser o Pastor (Cf. Is 40,11; Ez 34,11ss), e cujas ovelhas, governadas embora por pastores humanos, são incessantemente conduzidas e alimentadas pelo mesmo Cristo, bom Pastor e Príncipe dos pastores (cf. Jo 10,11; 1Pd 5,4), que deu a vida pelas ovelhas (cf. Jo 10,11-15).

A Igreja é a *lavoura* ou campo de Deus (cf. 1Cor 3,9). Neste campo cresce a oliveira antiga, cuja raiz santa foram os Patriarcas e na qual se obteve e completará a reconciliação dos judeus e dos gentios (Rm 11,13-26). Ela foi plantada pelo Agricultor celeste como vinha eleita (Mt 21,33-43 e lugares paralelos; cf. Is 5,1ss). Cristo é a vide verdadeira que comunica a vida e a fecundidade aos sarmentos, isto é, a nós que pela Igreja permanecemos nele e sem o qual nada podemos fazer (Jo 15,1-5).

Mais freqüentemente é a Igreja chamada *construção* de Deus (1Cor 3,9). O próprio Senhor a si mesmo se comparou à pedra que os construtores rejeitaram, mas que se tornou pedra angular (Mt 21,42 e paralelos; cf. At 4,11; 1Pd 2,7; Sl 117,22). Sobre tal fundamento foi a Igreja construída pelos apóstolos (cf. 1Cor 3,11), e dele recebe estabilidade e coesão. Este edifício toma vários nomes: casa de Deus (1Tm 3,15), na qual habita a sua *família*, morada de Deus pelo Espírito (Ef 2,19-22), tenda de Deus entre os homens (Ap 21,3) e, especialmente, *templo* santo, que os antigos Padres exaltaram, representado pelos santuários de pedra, e que a liturgia com muita razão compara à Cidade Santa — a Jerusalém nova.[5] Nela somos como pedras vivas, edificados aqui na terra em templo espiritual (1Pd 2,5). Cidade Santa, que João contempla na renovação final do mundo, a descer do céu, de junto de Deus, preparada como esposa, que se adorna para o seu esposo (Ap 21,1ss).

A Igreja é ainda chamada "Jerusalém celeste" e "nossa mãe" (Gl 4,26; cf. Ap 12,17), e descrita como *esposa* imaculada do Cordeiro imaculado (Ap 19,7; 21,2 e 9; 22,17); Cristo "amou-a e por ela se entregou a fim de a santificar" (Ef 5,26); uniu-a a si em aliança indissolúvel, "nutre-a e acalenta-a incessantemente" (Ef 5,29); esposa que Jesus Cristo purificou e quis unida e sujeita a si no amor e na fidelidade (cf. Ef

---

[5] Cf. Orígenes, In Mat. 16, 21: PG 13, 1443 C; Tertuliano, Adv. Marc., 3, 7: PL 2, 357 C; CSEL 47, 3, p. 386. Para os documentos, cf. Sacramentarium Gregorianum: PL 78, 160 B; ou C. Mohlberg, Liber sacramentorum romanae ecclesiae, Roma, 1960, p. 111, XC: "Deus qui ex omni coaptatione sanctorum aeternum tibi condis habitaculum...". Hino Urbs Ierusalem beata, no Breviário monástico, e Coelestis urbs Ierusalem, no Breviário Romano.

5,24); que encheu para sempre de graça celeste, a fim de que nós possamos compreender a caridade de Deus e de Cristo para com os homens, amor que excede todo conhecimento (cf. Ef 3,19). Mas enquanto, aqui na terra, a Igreja prossegue na sua peregrinação longe do Senhor (cf. 2Cor 5,6), busca e antegoza já agora, no exílio, as coisas do alto, onde Cristo está sentado à direita do Pai, onde a vida da Igreja se encontra escondida com Cristo em Deus, até aparecer refulgente de glória com o seu Esposo (cf. Cl 3,1-4).

A Igreja corpo místico de Cristo

7. O Filho de Deus, unindo a si a natureza humana e vencendo a morte com a sua própria morte e ressurreição, remiu o homem, transformando-o numa nova criatura (cf. Gl 6,15; 2Cor 5,17). E, pela comunicação do Espírito, constituiu com os seus irmãos, chamados de entre todas as gentes, o seu corpo místico.

Neste corpo a vida de Cristo comunica-se aos crentes, que se unem, por meio dos sacramentos, de modo íntimo e real, a Cristo que sofreu e foi glorificado.[6] Pelo batismo configuramo-nos com Cristo "porque num mesmo Espírito fomos batizados todos nós, para sermos um só corpo" (1Cor 12,13). Este rito sagrado

---

[6] Cf. SANTO TOMÁS, Summa Theol. III, q. 62, a. 5, ad 1.

significa e efetua a nossa união à morte e ressurreição de Cristo: "Pelo batismo fomos sepultados com ele na morte; e se nele fomos enxertados por uma morte semelhante à sua, sê-lo-emos também pela ressurreição" (Rm 6,4-5). Nós, participando realmente do corpo do Senhor na fração do pão eucarístico, somos elevados à comunhão com ele e entre nós. "Sendo um só o pão, todos os que participamos deste pão único formamos também um só corpo" (1Cor 10,17). Assim nos tornamos, todos, membros desse corpo (cf. 1Cor 12,17), "e, cada um de nós, membro dos outros" (Rm 12,5).

Assim como os membros do corpo humano, apesar de serem muitos, formam um corpo único, assim também os fiéis, em Cristo (cf. 1Cor 12,12). Também na edificação do corpo de Cristo há diversidade de membros e de funções. Único é o Espírito que, para bem da Igreja, distribui os seus vários dons conforme as suas riquezas e a necessidade de cada ministério (cf. 1Cor 12,1-11). De entre esses dons sobressai a graça própria dos apóstolos, a cuja autoridade o mesmo Espírito sujeitou até os carismáticos (cf. !Cor 14). O Espírito, unificando o corpo por si, com a sua virtude e a coesão interna dos membros, produz e estimula a caridade entre os fiéis. Daí que, se algum membro sofre, sofrem com ele os demais; se um membro recebe glória, todos os outros se regozijam com ele (cf. 1Cor 12,26).

Cristo é a cabeça deste corpo. Ele é a imagem do Deus invisível, e nele foram criadas todas as coisas. Ele existe antes de todos, e tudo subsiste nele. Ele é a cabeça do corpo que é a Igreja. Ele é o princípio, o primogênito de entre os mortos, de modo que em tudo ele tem a primazia (cf. Cl 1,15-18). Com a grandeza do seu poder domina o céu e a terra, e com a sua eminente perfeição e com seu agir enche todo o corpo, das riquezas da sua glória (cf. Ef 1,18-23).[7]

Todos os membros devem conformar-se com ele, até que neles se forme Cristo (cf. Gl 4,19). Por isso, somos incorporados nos mistérios da sua vida, configuramo-nos com ele, morremos e ressuscitamos com ele, até que reinaremos com ele (cf. Fl 3,21; 2Tm 2,11; Ef 2,6; Cl 2,12 etc.). Durante a peregrinação terrena seguimos as suas pegadas na tribulação e na perseguição, associamo-nos à sua paixão como o corpo à cabeça, e sofremos com ele para com ele sermos depois glorificados (cf. Rm 8,17).

Dele, "o corpo inteiro recebe alimento e coesão, através dos ligamentos e junturas, realizando assim o seu crescimento em Deus" (Cl 2,19). Ele distribui continuamente ao seu corpo, que é a Igreja, os dons dos ministérios, pelos quais, graças ainda ao seu poder,

---

[7] Cf. Pio XII. Carta Enc. Mystici Corporis, 29 jun. 1943: AAS 35 (1943), p. 208.

nos ajudamos uns aos outros no caminho da salvação, para que, professando a verdade na caridade, cresçamos de todos os modos para ele, que é a nossa cabeça (cf. Ef 4,11-16, grego).

Para que possamos renovar-nos constantemente nele (cf. Ef 4,23), repartiu conosco o seu Espírito, o qual, sendo um só e o mesmo na cabeça e nos membros, vivifica, unifica e dirige de tal modo o corpo inteiro, que a sua função pôde ser comparada pelos santos Padres àquela que a alma, princípio de vida, exerce no corpo humano.[8]

Cristo ama a Igreja como sua esposa, tornando-se o modelo do marido que ama a esposa como ao seu próprio corpo (cf. Ef 5,25-28); e a Igreja, por seu lado, está sujeita a Cristo, sua cabeça (Id. 23-24). "Porque nele habita corporalmente toda plenitude da divindade" (Cl 2,9), ele enche com os seus dons divinos a Igreja, que é o seu corpo e o seu complemento (cf. Ef 1,22-23), para que ela procure e alcance toda a plenitude de Deus (cf. Ef 3,19).

---

[8] Cf. Leão XIII, Carta Enc. Divinum Illud, 9 maio 1897: ASS 29 (1896-97), p. 650. Pio XII, Carta Enc. Mystici Corporis, 1. c. pp. 219-220; Denz. 2288 (3807). Santo Agostinho, Serm. 268, 2: PL 38, 1232. São João Crisóstomo, In Eph., Hom. 9,3: PG 62, 72. Dídimo de Alex., Trin. 2, 1; PG 39, 449ss. Santo Tomás, In Col., 1, 18, lect. 5: Ed. Marietti, II, n. 46: "Sicut constituitur unum corpus ex unitate animae, ita Ecclesia ex unitate Spiritus...".

A Igreja ao mesmo tempo visível e espiritual

8. Cristo, Mediador único, constituiu e sustenta indefectivelmente sobre a terra, como organismo visível, a sua Igreja santa, comunidade de fé, de esperança e de amor,[9] e por meio dela comunica a todos a verdade e a graça. Contudo, sociedade dotada de órgãos hierárquicos e corpo místico de Cristo, assembléia visível e comunidade espiritual, Igreja terrestre e Igreja já na posse dos bens celestes, não devem considerar-se coisas independentes, mas constituem uma realidade única e complexa, em que se fundem dois elementos, o humano e o divino.[10] Não é, por isso, criar uma analogia inconsistente comparar a Igreja ao mistério da encarnação. Pois, assim como a natureza assumida pelo Verbo divino lhe serve de órgão vivo de salvação, a ele indissoluvelmente unido, de modo semelhante a estrutura social da Igreja serve ao Espírito de Cristo, que a vivifica, para fazer progredir o seu corpo místico (cf. Ef 4,16).[11]

---

[9] Cf. LEÃO XIII, Carta Enc. Sapientiae christianae, 10 jun. 1890: ASS 22 (1889-90), p. 392. Id. Carta Enc. Satis cognitum, 29 jun. 1896: ASS 28 (1895-96), pp. 710 e 724ss. PIO XII, Carta Enc. Mystici Corporis, l. c. pp. 199-200.

[10] Cf. PIO XII, Carta Enc. Mystici Corporis, l. c., pp. 221ss. Id., Carta Enc. Humani Generis, 12 ago. 1950: AAS 42 (1950), p. 571.

[11] LEÃO XIII, Carta Enc. Satis cognitum, l c., p. 713.

Esta é a única Igreja de Cristo, que no símbolo professamos una, santa, católica e apostólica,[12] e que o nosso Salvador, depois de sua ressurreição, confiou a Pedro para que ele a apascentasse (Jo 21,17), encarregando-o, assim como aos demais apóstolos, de a difundirem e de a governarem (cf. Mt 28,18ss), levantando-a para sempre como "coluna e esteio da verdade" (1Tm 3,15). Esta Igreja, como sociedade constituída e organizada neste mundo, subsiste na Igreja Católica, governada pelo sucessor de Pedro e pelos bispos em comunhão com ele,[13] ainda que fora do seu corpo se encontrem realmente vários elementos de santificação e de verdade, elementos que, na sua qualidade de dons próprios da Igreja de Cristo, conduzem para a unidade católica.

Do mesmo modo que Jesus Cristo consumou a redenção na pobreza e na perseguição, assim também, para poder comunicar aos homens os frutos da salvação, a Igreja é chamada a seguir o mesmo caminho. Cristo Jesus, "sendo de condição divina, aniquilou-se e tomou a condição de servo" (Fl 2,6) e por causa de nós "fez-se pobre, ele que era rico" (2Cor 8,9): assim a Igreja, que certamente precisa de recursos humanos para cumprir a sua missão, não foi fundada para buscar

---

[12] Cf. Symbolum Apostolicum: DENZ. 6-9 (10-13); Symb. Nic. -Const.: DENZ. 86 (41); col. Prof. fidei Trid.: DENZ. 994 e 999 (1862 e 1868).
[13] Diz-se: "Sancta (catholica apostolica) Romana Ecclesia": na Prof. fidei Trid., 1 cit. e CONC. VAT. I, Sess. III, Const. dogm. "de fidei cath.": DENZ. 1782 (3001).

glórias terrenas, mas para pregar, também com seu exemplo, a humildade e a abnegação. Cristo foi enviado pelo Pai "a anunciar a Boa-Nova aos pobres, a proclamar a libertação aos cativos" (Lc 4,18), "a procurar e salvar o que estava perdido" (Lc 19,10): de modo semelhante a Igreja ama todos os angustiados pelo sofrimento humano, reconhece a imagem do seu Fundador, pobre e sofredor, nos pobres e nos que sofrem, esforça-se por aliviar-lhes a indigência, e neles deseja servir a Cristo. Mas enquanto Cristo "santo, inocente, imaculado" (Hb 7,26) não conheceu o pecado (2Cor 5,21), e veio expiar unicamente os pecados do povo (cf. Hb 2,17), a Igreja reúne em seu seio os pecadores, e por isso, ao mesmo tempo que é santa, precisa também de purificação, e sem descanso prossegue no seu esforço de penitência e renovação.

A Igreja "continua o seu peregrinar entre as perseguições do mundo e as consolações de Deus",[14] anunciando a cruz e a morte do Senhor, até que ele venha (cf. 1Cor 11,26). Mas encontra força no poder do Senhor ressuscitado, para vencer, na paciência e na caridade, as próprias aflições e dificuldades, internas e exteriores, e para revelar ao mundo, com fidelidade, embora entre sombras, o mistério de Cristo, até que por fim ele se manifeste em luz total.

---

[14] SANTO AGOSTINHO, Civ. Dei, XVIII, 51, 2: PL 41. 614.

CAPÍTULO II

O POVO DE DEUS

A nova aliança e o novo povo

9. Em qualquer tempo e nação, é aceito por Deus todo aquele que o teme e pratica a justiça (cf. At 10,35). Aprouve, no entanto, a Deus santificar e salvar os homens, não individualmente, excluindo toda a relação entre eles, mas formando com eles um povo, que o conhecesse na verdade e o servisse em santidade. E assim escolheu Israel para seu povo, estabeleceu com ele uma aliança e o foi instruindo gradualmente, manifestando-se a si mesmo e os desígnios da sua vontade, na própria história do povo, santificando-o para si. Tudo isto aconteceu como preparação e figura daquela aliança nova e perfeita, que haveria de ser selada em Cristo, e da revelação mais plena que havia de ser-nos comunicada pelo próprio Verbo de Deus, feito carne. "Eis que vêm os dias (palavra do Senhor), em que estabelecerei com a casa de Israel e a casa de Judá uma aliança nova [...]. Gravarei no mais profundo do seu ser a minha lei e escrevê-la-ei em seus corações; serei o seu Deus e eles serão o meu povo. Todos hão de

conhecer-me desde o menor ao maior, diz o Senhor" (Jr 31,31-34). Cristo estabeleceu este novo pacto, a nova aliança do seu sangue (cf. 1Cor 11,25), formando, dos judeus e dos gentios, um povo que realizasse a sua própria unidade, não segundo a carne, mas no Espírito, e constituísse o novo povo de Deus. Os que crêem em Cristo, renascidos duma semente não corruptível mas incorruptível pela palavra do Deus vivo (cf. 1Pd 1,23), não da carne mas da água e do Espírito Santo (cf. Jo 3,5-6), vêm a constituir "a estirpe eleita, o sacerdócio real, a nação santa, o povo conquistado [...] que em tempos não o era, mas agora é o povo de Deus" (1Pd 2,9-10).

Este povo messiânico tem por cabeça Cristo, "o qual foi entregue por causa dos nossos crimes e ressuscitou para nossa justificação" (Rm 4,25), e que, havendo recebido um nome que está acima de todo o nome, reina já gloriosamente nos céus. A sua condição é a da dignidade e da liberdade dos filhos de Deus, em cujos corações habita o Espírito Santo como num templo. Tem por lei o mandamento novo, de amar como Cristo nos amou (cf. Jo 13,34); e tem por fim o reino de Deus, começado já na terra pelo próprio Deus mas que deve ser continuamente desenvolvido até ser também por ele consumado no fim dos tempos, quando Cristo, nossa vida, aparecer (cf. Cl 3,4), e toda a criação for libertada da escravidão da corrupção, para a "liberdade da glória dos filhos de Deus" (Rm 8,21). Assim o povo messiânico, ainda que não abranja atualmente os homens todos e repetidas vezes seja mencionado como um pequeno rebanho, é para toda a humanidade um germe fecundíssimo de unidade, de esperança e de salvação. Constituído por Cristo em ordem à comunhão de vida, de amor e de verdade, é, nas mãos do mesmo Cristo, instrumento da redenção universal, e é enviado ao mundo inteiro como luz do mesmo mundo e sal da terra (cf. Mt 5,13-16).

Do mesmo modo que Israel segundo a carne, peregrino no deserto, é já chamado Igreja de Deus (2Esd 13,1; cf. Nm 20,4; Dt 23,1ss), assim também o novo Israel do tempo atual, que anda em busca da cidade futura e permanente (cf. Hb 13,14), chama-se Igreja de Cristo (cf. Mt 16,18), porque ele a conquistou com seu sangue (cf. At 20,28), encheu-a do seu Espírito e a dotou com meios aptos para uma união visível e social. Deus convocou todos aqueles que em Jesus vêem, com fé, o autor da salvação e o princípio da unidade e da paz, e com eles constituiu a Igreja, a fim de que ela seja, para todos e cada um, o sacramento visível desta unidade salvadora.[1] A Igreja deve estender-se a todas as regiões; entra na história dos homens, ao mesmo tempo que transcende o próprio tempo

---

[1] Cf. SÃO CIPRIANO, Epist. 69, 6: PL 3, 1142 D; HARTEL 3 B, p. 754; "inseparabile unitatis sacramentum".

e os confins dos povos. E ao caminhar por entre as tentações e as provas, ela é fortalecida pelo conforto da graça de Deus, que o Senhor lhe prometera, para que, na fraqueza da carne, não se afaste da fidelidade perfeita, mas se conserve sempre como esposa digna do seu Senhor e não deixe nunca de renovar-se pela ação do Espírito Santo, até que, pela cruz, atinja aquela luz que não conhece ocaso.

Sacerdócio comum

10. Cristo Senhor, Pontífice tomado de entre os homens (cf. Hb 5,1-5), fez do novo povo "um reino de sacerdotes para Deus, seu Pai" (cf. Ap 1,6; cf. 5,9-10). Pela regeneração e pela unção do Espírito Santo, os batizados consagram-se para serem edifício espiritual e sacerdócio santo, a fim de, por meio de toda a sua atividade cristã, oferecerem sacrifícios espirituais e proclamarem as grandezas daquele que das trevas os chamou para a sua luz maravilhosa (cf. 1Pd 2,4-10). Assim, todos os discípulos de Cristo, perseverando na oração e no louvor de Deus (cf. At 2,42-47), ofereçam-se também a si mesmos como hóstia viva, santa, agradável a Deus (cf. Rm 12,1); dêem testemunho de Cristo em toda a parte; e, àqueles que por isso se interessarem, falem da esperança que possuem, na vida eterna (cf. 1Pd 3,15).

O sacerdócio comum dos fiéis e o sacerdócio ministerial ou hierárquico, apesar de diferirem entre si essencialmente e não apenas em grau, ordenam-se um para o outro mutuamente; de fato, ambos participam, cada qual a seu modo, do sacerdócio único de Cristo.[2] O sacerdote ministerial, pelo poder sagrado de que é investido, organiza e rege o povo de Deus, em nome de todo o povo; por seu lado os fiéis, em virtude do seu sacerdócio régio,[3] têm também parte na oblação da eucaristia e exercem o mesmo sacerdócio na recepção dos sacramentos, na oração e na ação de graças, por meio do testemunho duma vida santa, da abnegação e da caridade operante.

O exercício do sacerdócio comum nos sacramentos

11. A índole sagrada e orgânica da comunidade sacerdotal exerce-se nos sacramentos e na prática das virtudes. Os fiéis, incorporados na Igreja pelo batismo, recebem o caráter que os delega para o culto cristão, e, renascidos como filhos de Deus, são obrigados

---

[2] Cf. Pio XII, Aloc. Magnificate Dominum, 2 nov. 1954: AAS 46 (1954), p. 669. Carta Enc. Mediator Dei, 20 nov. 1947: AAS 39 (1947), p. 555.
[3] Cf. Pio XI, Carta Enc. Miserentissimus Redemptor, 8 maio 1928: AAS 20 (1928), pp. 171ss. Pio XII, Aloc. Vous vous avez, 22 set. 1956: AAS 48 (1956), p. 714.

a professar diante dos homens a fé que pela Igreja receberam de Deus.[4] Pelo sacramento da confirmação vinculam-se mais perfeitamente à Igreja e recebem especial vigor do Espírito Santo. Ficam assim mais seriamente comprometidos, como testemunhas verdadeiras de Cristo, a difundir e defender a fé por palavras e por obras.[5] Participando no sacrifício eucarístico, que é fonte e ponto culminante de toda a vida cristã, oferecem a Deus a Vítima divina, e oferecem-se a si mesmos com ela:[6] e assim, tanto pela oblação como pela sagrada comunhão, todos realizam a sua parte própria na ação litúrgica, não de maneira igual, mas cada qual a seu modo. E, fortificados com o corpo de Cristo na sagrada comunhão, manifestam de forma concreta a unidade do povo de Deus, convenientemente operada por este sacramento augustíssimo.

Aqueles que se aproximam do sacramento da penitência obtêm da misericórdia de Deus o perdão da ofensa que lhe fizeram e, ao mesmo tempo, reconciliam-se com a Igreja que feriram pelo pecado, a qual procura levá-los à conversão pela caridade, pelo exemplo e pela

---

[4] Cf. SANTO TOMÁS, Summa Theol. III, q. 63, a. 2.
[5] Cf. SÃO CIRILO DE JERUSALÉM, Catech. 17, de Spiritu Sancto, II, 35-37: PG 33, 1009-1012. NICOLAU CABÁSILAS, De Vita in Christo, liv. III, de utilitate chrismatis: PG 150, 569-580. SANTO TOMÁS, Summa Theol. III, q. 65, a. 3 e q. 72, a. 1 e 5.
[6] Cf. PIO XII, Carta Enc. Mediator Dei, 20 nov. 1947: AAS 39 (1947), principalmente pp. 552ss.

oração. Pela santa unção dos enfermos e a oração dos sacerdotes, toda a Igreja encomenda os doentes ao Senhor, que sofreu e foi glorificado, para que ele os alivie e salve (cf. Tg 5,14-16), e exorta-os a unirem-se livremente à paixão e morte de Cristo (cf. Rm 8,17; Cl 1,24; 2Tm 2,11-12; 1Pd 4,13), e a contribuírem assim para o bem do povo de Deus. Por sua vez, os fiéis que chegam a receber as sagradas ordens, ficam, em nome de Cristo, destinados a apascentar a Igreja, com a palavra e a graça de Deus.

Finalmente os esposos cristãos, pela virtude do sacramento do matrimônio, que faz com que eles sejam símbolos do mistério de unidade e de amor fecundo entre Cristo e a Igreja, e que do mesmo mistério participem (cf. Ef 5,32), ajudam-se mutuamente a conseguir a santidade na vida conjugal e na aceitação e educação dos filhos, e gozam, para isso, no estado e na função que lhes são próprios, de um dom característico dentro do povo de Deus (cf. 1Cor 7,7).[7] É realmente desta união que procede a família, na qual para a sociedade humana nascem os novos cidadãos, os quais — pela graça do Espírito Santo e para perpetuarem através dos séculos o povo de Deus — pelo batismo se

---

[7] 1Cor 7,7. "Unusquisque proprium donum (idion charisma) habet ex Deo: alius quidem sic, alius vero sic." Cf. SANTO AGOSTINHO, De Dono Persev., 14, 37: PL 45, 1015ss. "Non tantum continentia Dei donum est, sed coniugatorum etiam castitas."

tornam filhos de Deus. É necessário que nesta, que bem pode chamar-se Igreja doméstica, os pais sejam para os filhos, por meio da palavra e do exemplo, os primeiros arautos da fé, e fomentem a vocação própria de cada um, com especial cuidado a vocação sagrada.

Dispondo de meios tão numerosos e eficazes, todos os cristãos, qualquer que seja a sua condição ou estado, são chamados pelo Senhor a procurarem, cada um por seu caminho, a perfeição daquela santidade pela qual é perfeito o próprio Pai celeste.

O sentido da fé e os carismas do povo cristão

12. O povo santo de Deus participa também da missão profética de Cristo: dá testemunho vivo dele especialmente pela vida de fé e de caridade, e oferece a Deus o sacrifício de louvor, fruto dos lábios que glorificam o seu nome (cf. Hb 13,15). A totalidade dos fiéis, que possuem a unção que vem do Espírito Santo (cf. 1Jo 2,20 e 27), não pode enganar-se na fé, e manifesta esta sua propriedade característica mediante o sentido sobrenatural da fé do povo inteiro, quando "desde os bispos até os últimos fiéis leigos",[8] exprime o seu consenso universal a respeito das verdades de fé e

---

[8] Cf. SANTO AGOSTINHO, De Praed. Sanct., 14, 27: PL 44, 980.

costumes. Graças a este sentido da fé, que tem a sua origem e o seu alimento no Espírito de verdade, o povo de Deus, sob a orientação do sagrado magistério e na fiel obediência a ele, recebe, não uma palavra humana, mas a palavra de Deus (cf. 1Ts 2,13), adere indefectivelmente à fé, transmitida aos santos duma vez para sempre (cf. Jd 3), penetra-a mais profunda e convenientemente, e transpõe-na para a vida com maior intensidade.

Além disso, o mesmo Espírito Santo não se limita a santificar e a dirigir o povo de Deus por meio dos sacramentos e dos ministérios, e a orná-lo com as virtudes, mas também, nos fiéis de todas as classes, "distribui individualmente e a cada um, conforme entende", os seus dons (1Cor 12,11), e as graças especiais, que os tornam aptos e disponíveis para assumir os diversos cargos e ofícios úteis à renovação e maior incremento da Igreja, segundo aquelas palavras: "A cada qual se concede a manifestação do Espírito para utilidade comum" (1Cor 12,7). Devem aceitar-se estes carismas com ação de graças e consolação, pois todos, desde os mais extraordinários aos mais simples e comuns, são perfeitamente acomodados e úteis às necessidades da Igreja. Não devemos pedir temerariamente estes dons, nem esperar deles com presunção os frutos das obras apostólicas; é aos que governam a Igreja que pertence julgar da sua genuinidade e da conveniência do seu uso, e cuidar especialmente de não extinguir o espírito, mas tudo ponderar, e reter o que é bom (cf. 1Ts 5,12-21 e 19–21).

A universalidade ou catolicidade do único povo de Deus

13. Todos os homens são chamados ao povo de Deus. É por isso que este povo, permanecendo uno e único, deve dilatar-se até os confins do mundo inteiro e em todos os tempos, para se dar cumprimento ao desígnio de Deus que, no princípio, criou a natureza humana e decidiu congregar finalmente na unidade todos os seus filhos que andavam dispersos (cf. Jo 11,52). Para isto Deus mandou o seu Filho, a quem constituiu herdeiro de todas as coisas (cf. Hb 1,2), para ser o Mestre, o Rei e o Sacerdote de todos, a cabeça do povo novo e universal dos filhos de Deus. Para isto, enfim, Deus mandou o Espírito do seu Filho, o Espírito soberano e vivificante que é para toda a Igreja e para todos e cada um dos crentes, o princípio da aglutinação e da unidade na doutrina dos apóstolos, na união fraterna, na fração do pão e nas orações (cf. At 2,42, grego). Assim, o único povo de Deus estende-se a todos os povos da terra, dentre os quais vai buscar os seus membros, cidadãos dum reino, de natureza celeste e não terrena. De fato, todos os fiéis espalhados pelo mundo mantêm-se em comunhão com os demais no Espírito Santo e assim "aquele que reside em Roma sabe que os índios são membros seus".[9] Mas porque o reino de Deus não é deste mundo (cf. Jo 18,36), a Igreja, o povo de Deus, instaurando este reino não subtrai nada ao bem temporal de cada povo, antes, pelo contrário, fomenta e assume as possibilidades, os recursos e o estilo de vida dos povos, naquilo que têm de bom, e, ao assumi-los, purifica-os, consolida-os e eleva-os. Ela sabe que tem de recolher com aquele Rei a quem todos os povos foram dados por herança (cf. Sl 2,8) e para cuja cidade levam os seus dons e as suas ofertas (cf. Sl 71 (72),10; Is 60,4-7; Ap 21,24). Este caráter de universalidade que distingue o povo de Deus é um dom do Senhor, graças ao qual a Igreja tende constante e eficazmente para congregar em Cristo, sua cabeça, na unidade do Espírito,[10] a humanidade inteira, com tudo o que ela tem de bom.

Por força desta catolicidade, cada parte contribui com os seus dons peculiares para as demais e para toda a Igreja, de modo que o todo e cada parte crescem por comunicação mútua e pelo esforço comum em ordem a alcançar a plenitude na unidade. É por

---

[9] Cf. SÃO JOÃO CRISÓSTOMO, In Io. Hom. 65, 1: PG 59, 361.
[10] Cf. SANTO IRINEU, Adv. Haer. III. 16, 6; III, 22, 1-3: PG 7, 925 C-926 A e 958 A; HARVEY 2, 87 e 120-123. SAGNARD, Ed. Sources Chrét., pp. 290-292 e 372ss.

isso que o povo de Deus não só reúne povos diversos, mas ainda comporta em si mesmo variedade orgânica. Entre os seus membros reina a diversidade, quer nos cargos, e assim alguns exercem o sagrado ministério para o bem dos seus irmãos, quer na condição e no modo de vida, e assim muitos no estado religioso, procurando a santidade por um caminho mais estreito, são um estímulo e exemplo para os seus irmãos. É ainda por este motivo que existem legitimamente, no seio da comunhão eclesial, Igrejas particulares, gozando de tradições próprias, sem prejuízo do primado da Sé de Pedro, que preside à comunhão universal da caridade,[11] protege as diversidades legítimas e vela para que as particularidades não só não prejudiquem a unidade, mas para ela contribuam mesmo positivamente.

Daí, enfim, haver entre as diversas partes da Igreja vínculos de comunhão íntima quanto às riquezas espirituais e quanto à distribuição dos operários apostólicos e dos recursos materiais. Os membros do povo de Deus são realmente chamados a porem em comum os seus bens, e a cada uma das Igrejas se aplicam as palavras do apóstolo: "Servir aos outros, cada qual na medida do dom que recebeu, comunicando-o uns aos outros como bons administradores da multiforme graça de Deus" (1Pd 4,10).

---

[11] Santo Inácio Mart, Ad Mom., praef.: Ed. Funk, I, p. 252.

A esta unidade católica do povo de Deus, que prefigura e promove a paz universal, são chamados todos os homens: a ela pertencem ou para ela se orientam, embora de maneira diferente, tanto os católicos como todos os cristãos, e mesmo todos os homens em geral, chamados pela graça de Deus à salvação.

Os fiéis católicos

14. Em primeiro lugar, é aos fiéis católicos que o santo Concílio dirige o pensamento. Apoiado na Sagrada Escritura e na Tradição, ensina que esta Igreja, peregrina na terra, é necessária para a salvação. Só Cristo é mediador e caminho de salvação: ora, ele torna-se-nos presente no seu corpo que é a Igreja; e, ao inculcar expressamente a necessidade da fé e do batismo (cf. Mc 16,16; Jo 3,5), ao mesmo tempo corroborou a necessidade da Igreja, na qual os homens entram pela porta do batismo. Por conseguinte, não poderão salvar-se aqueles que se recusam a entrar ou a perseverar na Igreja Católica, sabendo que Deus a fundou por Jesus Cristo como necessária à salvação.

São incorporados plenamente na sociedade, que é a Igreja, todos os que, tendo o Espírito de Cristo, aceitam integralmente a sua organização e todos os meios de salvação nela instituídos, e que, além disso, graças aos vínculos da profissão de fé, dos sacramentos, do governo e da comunhão eclesial, permanecem unidos, no conjunto visível da Igreja, com Cristo, que a rege por meio do Sumo Pontífice e dos bispos. Não se salvam, porém, os que, embora incorporados na Igreja, não perseveram na caridade, e por isso pertencem ao seio da Igreja não pelo "coração" mas tão-só pelo "corpo".[12] Lembrem-se todos os filhos da Igreja que a grandeza da sua condição não se deve atribuir aos próprios méritos, mas a uma graça especial de Cristo; se não correspondem a essa graça por pensamentos, palavras e obras, em vez de se salvarem, incorrem num juízo mais severo.[13]

Os catecúmenos que, sob a ação do Espírito Santo, desejam e querem expressamente ser incorporados na Igreja, já em virtude deste desejo lhe estão unidos. E a Igreja, como mãe, já lhes dedica o seu amor e os seus cuidados.

As relações da Igreja com os cristãos não-católicos

15. Por múltiplas razões a Igreja reconhece-se unida aos batizados que se honram do nome de cristãos,

---

[12] Cf. SANTO AGOSTINHO, Bapt. c. Donat., V, 28, 39: PL 43, 197: "Certe manifestum est, id quod dicitur, in Ecclesia intus et foris, in corde, non in corpore cogitandum". Cf. ib., III, 19, 26 col. 152; V, 18, 24: col. 189; in Io., Trat. 61, 2: PL 35, 1800, e muitas vezes noutros lugares.
[13] Cf. Lc 12,48: "Omnis autem, cui multum datum est, multum quaeretur ab eo." Cf. também Mt 5,19-20; 7,21-22; 25,41-46; Tg 2,14.

mas não professam integralmente a fé, ou não mantêm a unidade de comunhão sob o sucessor de Pedro.[14] Há muitos que veneram a Sagrada Escritura como norma de fé e de vida, manifestam sincero zelo religioso, crêem de todo o coração em Deus-Pai Onipotente e em Cristo Filho de Deus e Salvador,[15] são marcados pelo batismo que os une a Cristo e admitem mesmo outros sacramentos e recebem-nos nas suas Igrejas próprias ou nas suas comunidades eclesiais. Vários dentre eles possuem também o episcopado, celebram a sagrada eucaristia e cultivam a devoção pela Virgem Mãe de Deus.[16] A isto se junta ainda a comunhão de orações e de outros benefícios espirituais; e mesmo certa união verdadeira no Espírito Santo que, também neles, opera com o seu poder santificante por meio de dons e graças, e a alguns fortaleceu até a efusão do sangue. Assim, o Espírito suscita em todos os discípulos de Cristo o desejo e a ação, para que todos, do modo estabelecido por Cristo, unam-se pacificamente, num só rebanho, sob um único Pastor.[17] Para o conseguir, a Igreja, verdadeira mãe, não deixa de rezar, de

---

[14] LEÃO XIII, Epist. Apost. Praeclara Gratulationis, 20 jun. 1894: ASS 26 (1893-94), p. 707.
[15] Cf. LEÃO XIII, Epist. Enc. Satis Cognitum, 29 jun. 1896: ASS 28 (1895-96), p. 738. Epist. Enc. Caritatis Studium, 25 jul. 1898: ASS 31 (1898-99), p. 11. PIO XII, Radiomensagem Nell'alba, 24 dez. 1941: AAS 34 (1942), p. 21.
[16] Cf. PIO XI, Carta Enc. Rerum Orientalium, 8 set. 1928: AAS 20 (1928), p. 287. Pio XII, Carta Enc. Orientalis Ecclesiae.
[17] Cf. Instr. S. OFÍCIO, 20 dez. 1949: AAS 42 (1950), p. 142.

esperar e de atuar, exortando os seus filhos a purificarem-se e a renovarem-se, para que sobre a sua face resplandeça mais brilhante o sinal de Cristo.

Os não-cristãos

16. Por último, também aqueles que ainda não receberam o Evangelho estão destinados, de modos diversos, a formarem parte do povo de Deus.[18] Em primeiro lugar, aquele povo que foi objeto das alianças e promessas, e do qual Cristo nasceu segundo a carne (Rm 9,4-5); povo em virtude da sua eleição tão amado por causa dos patriarcas: pois os dons e os chamamentos de Deus são irrevogáveis (cf. Rm 11,28-29). Mas o desígnio de salvação abrange igualmente aqueles que reconhecem o Criador, em particular os muçulmanos, que, professando manter a fé de Abraão, adoram conosco um Deus único e misericordioso, que há de julgar os homens no último dia. Nem mesmo dos outros, que buscam ainda nas sombras e em imagens o Deus desconhecido, está longe esse mesmo Deus, pois ele é quem a todos dá a vida e a ressurreição e tudo mais (cf. At 17,25-28), e quem, como

---

[18] Cf. SANTO TOMÁS, Suma Theol. III, q. 8, a. 3, ad 1.

Salvador, quer que todos os homens sejam salvos (cf. 1Tm 2,4). Aqueles que ignoram sem culpa o Evangelho de Cristo e a sua Igreja, mas buscam Deus na sinceridade do coração, e se esforçam, sob a ação da graça, por cumprir na vida a sua vontade, conhecida por meio dos ditames da consciência, também esses podem alcançar a salvação eterna.[19] Nem a divina providência nega os meios necessários para a salvação àqueles que, sem culpa, ainda não chegaram ao conhecimento explícito de Deus, mas procuram com a graça divina viver retamente. De fato, tudo o que neles há de bom e de verdadeiro, considera-o a Igreja como preparação evangélica[20] e dom daquele que ilumina todo o homem para que afinal venha a ter vida. Contudo, os homens, muitas vezes enganados pelo demônio, entregaram-se a pensamentos vãos e trocaram a verdade de Deus pela mentira, servindo mais às criaturas que ao Criador (cf. Rm 1,21 e 25); ou então vivendo e morrendo sem Deus neste mundo, expõem-se à desesperação final. Por isso, solícita da glória de Deus e da salvação de todos, a Igreja, lembrada do mandamento do Senhor: "Pregai o Evangelho a toda criatura" (Mc 16,15), põe todo seu cuidado em desenvolver as missões.

---

[19] Cf. Epist. do S. Ofício ao Arceb. de Boston: DENZ. 3869-72.
[20] Cf. EUSÉBIO DE CES., Praeparatio Evangelica, 1,1: PG 21, 27 AB.

O caráter missionário da Igreja

17. Assim como fora enviado pelo Pai, também o Filho enviou os apóstolos (cf. Jo 20,21), dizendo: "Ide pois, ensinai todas as gentes, batizando-as em nome do Pai e do Filho e do Espírito Santo, ensinando-as a observar tudo aquilo que vos mandei. E eis que eu estou convosco todos os dias até a consumação dos séculos" (Mt 28,18-20). Este mandamento solene de Cristo, de anunciar a verdade da salvação, recebeu-o a Igreja dos apóstolos para lhe dar cumprimento até os confins da terra (cf. At 1,8); por isso faz suas as palavras do Apóstolo: "Ai de mim se não evangelizar!" (1Cor 9,16), e continua, sem descanso, a enviar arautos do Evangelho, até que as jovens Igrejas fiquem perfeitamente estabelecidas, e continuem por si mesmas a obra de evangelização. O Espírito Santo impele-a a cooperar na realização do propósito de Deus, que estabeleceu Cristo como princípio de salvação para o mundo inteiro. Pregando o Evangelho, a Igreja dispõe os ouvintes para crerem e confessarem a fé, prepara-os para o batismo, liberta-os da escravidão do erro e incorpora-os a Cristo, para que, amando-o, cresçam até a plenitude. E consegue que tudo o que há de bom no coração e na mente dos homens, ou nos ritos e nas culturas próprias de cada povo, não só não pereça, mas se purifique, eleve-se e aperfeiçoe, para glória de Deus,

confusão do demônio e felicidade do homem. Cada discípulo de Cristo participa na responsabilidade de propagar a fé;[21] mas se o batismo pode ser administrado aos crentes por qualquer pessoa, é ao sacerdote que compete acabar a edificação do corpo com o sacrifício eucarístico, cumprindo as palavras de Deus pelo Profeta: "Do Oriente ao Ocidente o meu nome é grande entre as nações, e em todos os lugares é oferecido ao meu nome um sacrifício e uma oblação pura" (Ml 1,11).[22] Assim a Igreja conjuga operações e esforços para que o mundo inteiro se transforme em povo de Deus, corpo do Senhor e templo do Espírito Santo, e para que em Cristo, cabeça de todos, seja dada ao Pai e Criador do universo toda a honra e toda a glória.

---

[21] Cf. BENTO XV, Epist. Apost. Maximum Illud: AAS 11 (1919), p. 440, principalmente. pp. 451ss. PIO XI, Carta Enc. Rerum Ecclesiae: AAS 18 (1926), pp. 68-69. PIO XII, Carta Enc. Fidei Donum, 21 abr. 1957: AAS 49 (1957), pp. 236-237.

[22] Cf. Didaquè, 14: ed. FUNK, I, p. 32. SÃO JUSTINO, Dial. 41: PG 6, 564. SANTO IRINEU, Adv. Haer., IV, 17, 5: PG 7, 1023; HARVEY 2, p. 1992, ss: CONC. DE TRENTO, Sess. 22, cap. 1; DENZ. 939 (1742).

CAPÍTULO III

CONSTITUIÇÃO HIERÁRQUICA DA IGREJA E EM ESPECIAL O EPISCOPADO

Proêmio

18. Cristo nosso Senhor, com o fim de apascentar o povo de Deus e aumentá-lo sempre mais, instituiu na sua Igreja vários ministérios que se destinam ao bem de todo o corpo. Na verdade, os ministros que são revestidos do poder sagrado, estão ao serviço de seus irmãos, para que todos os que pertencem ao povo de Deus e gozam, portanto, da verdadeira dignidade cristã, tendam livre e ordenadamente para o mesmo fim e cheguem à salvação.

Este sagrado Concílio, seguindo a linha do Concílio Vaticano I, ensina e declara que Jesus Cristo, Pastor eterno, instituiu a santa Igreja, enviando os apóstolos como ele próprio fora enviado pelo Pai (cf. Jo 20,21), e quis que os sucessores destes, os bispos, fossem os pastores na sua Igreja até o fim do mundo. E para que o Episcopado continuasse único e unido, estabeleceu Pedro na chefia dos apóstolos, e assentou nele o princípio e o fundamento, perpétuos e visíveis, da unidade de fé e de comunhão.[1] Este santo Concílio propõe de novo, firmemente, à fé de todos os fiéis, a doutrina da instituição, perpetuidade, poder e natureza do sacro primado do Romano Pontífice e do seu infalível magistério e, prosseguindo no mesmo desígnio, quer afirmar e declarar publicamente a doutrina acerca dos bispos, sucessores dos apóstolos, que com o sucessor de Pedro, vigário de Cristo[2] e cabeça visível de toda a Igreja, governam a casa do Deus vivo.

A instituição dos doze apóstolos

19. O Senhor Jesus, depois de ter orado ao Pai, chamou a si os que ele quis e escolheu os doze para estarem com ele e para os enviar a pregar o reino de Deus (cf. Mc 3,13-19; Mt 10,1-42); a estes apóstolos (cf. Lc 6,13) constituiu-os sob a forma de colégio, isto é, de grupo estável, cuja presidência entregou a Pedro, escolhido dentre eles (cf. Jo 21,15-17). Enviou-os primeiramente aos filhos de Israel e depois a todas as

---

[1] Cf. CONC. VAT. I, Sess. IV Const. Dogm. Pastor Aeternus: DENZ., 1821 (3050ss).
[2] Cf. CONC. FLOR., Decreto pro graecis: DENZ. 694 (1307) e CONC. VAT. I, ib.: DENZ. 1826 (3059).

gentes (cf. Rm 1,16) para que, com o poder que lhes entregava, fizessem de todos os povos discípulos seus, os santificassem e governassem (cf. Mt 28,16-20; Mc 16,15; Lc 24,45-48; Jo 20,21-23) e, assim guiados pelo Senhor, dilatassem a Igreja e apascentassem com o seu ministério, todos os dias até a consumação dos séculos (cf. Mt 28,20). Foram confirmados plenamente nesta missão no dia de Pentecostes (cf. At 2,1-26), segundo a promessa do Senhor: "Recebereis a virtude do Espírito Santo que descerá sobre vós e sereis minhas testemunhas em Jerusalém e em toda a Judéia e Samaria e até os confins da terra" (At 1,8). Na verdade, pregando em toda parte o Evangelho (cf. Mc 16,20), que os ouvintes aceitavam por obra do Espírito Santo, os apóstolos congregaram a Igreja universal que o Senhor fundou neles e edificou sobre o bem-aventurado Pedro, como chefe, permanecendo Cristo Jesus como pedra angular (cf. Ap 21,14; Mt 16,18; Ef 2,20).[3]

---

[3] Cf. Liber sacramentorum de São Gregório, prefácio Cadeira de são Pedro e dia de são Matias e são Tomé: PL 78, 50, 51 e 152. Santo Hilário In Ps., 67, 10, PL 9,450; CSEL, 22, p. 286. São Jerônimo, Adv. Iovin., 1, 26: PL 23, 247 A. Santo Agostinho, in Ps. 86, 4: PL 37, 1103. São Gregório M., Mor. in Job, XXVIII, V: PL 76, 455-456. Primásio, Comm. in Apoc., V: PL 68. 924, BC. Pascásio Radb., In Mat. L. VIII, cap. 16: PL 120, 561 C. Cf. Leão XIII, Epist. Et Sane, 17 dez. 1888: ASS 21 (1888), p. 321.

Os bispos, sucessores dos apóstolos

20. Esta missão divina, confiada por Cristo aos apóstolos, deverá durar até o fim dos séculos (cf. Mt 28,20), pois o Evangelho, que eles devem transmitir, é para a Igreja o princípio de toda sua vida através dos tempos. Por isso os apóstolos, nesta sociedade hierarquicamente organizada, cuidaram de constituir os seus sucessores.

De fato, não só se rodearam de vários colaboradores no ministério,[4] mas, para que a missão a eles confiada tivesse continuidade após a sua morte, os apóstolos, quase por testamento, incumbiram os seus cooperadores imediatos de terminar e consolidar a obra por eles começada,[5] recomendando-lhes que atendessem a toda a grei, na qual o Espírito Santo os havia colocado para apascentarem a Igreja de Deus (cf. At 20,28). Constituíram assim os seus sucessores e dispuseram que, na morte destes, fosse confiado o seu ministério a outros homens experimentados.[6] Entre os vários ministérios que, desde os primeiros tempos, se exercem na Igreja, ocupa o primeiro lugar, como testemunha a tradição, o múnus daqueles que, constituídos

---

[4] Cf. At 6,2-6; 11,30; 13,1; 14,23; 20,17; 1Ts 5,12-13; Fl 1,1; Cl 4,11 e passim.
[5] Cf. At 20,25-27, 2Tm 4,6ss. 1Tm 5,22; 2Tm 2,2; Tt 1,5; s. Clem. Rom. Ad Cor 44,2: Ed. Funk, I, p. 156.
[6] São Clemente Rom., Ad. Cor 44,2: Ed. Funk, I, pp. 154ss.

no episcopado,[7] conservam a semente apostólica por uma sucessão que vem ininterrupta desde o começo.[8] E assim, como atesta santo Irineu, a tradição apostólica manifesta-se[9] e mantém-se[10] no mundo inteiro por meio daqueles que os apóstolos constituíram bispos e seus sucessores até o presente.

Os bispos receberam o encargo de servir a comunidade, com os seus colaboradores, presbíteros e diáconos,[11] e presidem em nome de Deus à grei,[12] de que são pastores, como mestres da doutrina, sacerdotes do culto sagrado e ministros do governo da Igreja.[13] E assim como permanece o múnus que o Senhor concedeu individualmente a Pedro, o primeiro dos apóstolos, para ser transmitido aos seus sucessores, do mesmo modo o ofício dos apóstolos, de apascentar a Igreja, continua e é exercido permanentemente pela

---

[7] Cf. TERTULL., Praescr. Haer. 32: PL 2, 53.
[8] Cf. TERTULL., Praescr. Haer. 32: PL 2, 52ss. SANTO INÁCIO M., passim.
[9] Cf. SANTO IRINEU, Adv. Haer. III, 3,1: PG 7 848 A; HARVEY 2, 8; Sagnard, pp. 100ss: "manifestatam".
[10] Cf. SANTO IRINEU, Adv. Haer. III, 2, 2: PG 7, 847; HARVEY 2, 7; SAGNARD, p. 100: "custoditur", cf. ib. IV, 26, 2; col. 1053; HARVEY 2, 236 e também IV, 33, 8; col. 1077; HARVEY 2, 262.
[11] SANTO INÁCIO M., Philad., pref.: ed. Funk, I, p. 264.
[12] SANTO INÁCIO M., Philad., 1, 1: Magn. 6, 1; Ed. Funk, I, pp. 264 e 234.
[13] SÃO CLEM. ROM., 1, cit., 42, 3-4; 44, 3-4; 57, 1-2, Ed. Funk, I, 152, 156, 172. SANTO INÁCIO M., Philad. 2; Smyrn. 8; Magn. 3, Trall 7; Ed. Funk, I, p. 266, 282, 232, 246ss et.: SÃO JUSTINO, Ap 1,65. PG 6, 428; SÃO CIPRIANO Epist., passim.

ordem sagrada dos bispos.¹⁴ Por isso, ensina este sagrado Concílio que, por instituição divina, os bispos sucederam aos apóstolos¹⁵ como pastores da Igreja: quem os ouve, ouve a Cristo; quem os despreza, despreza a Cristo e àquele que o enviou (cf. Lc 10,16).¹⁶

O episcopado como sacramento

21. Na pessoa dos bispos, coadjuvados pelos presbíteros, é o próprio Senhor Jesus Cristo, pontífice supremo, que está presente no meio dos fiéis. Embora sentado à direita de Deus-Pai, não se ausenta da comunidade dos seus pontífices;¹⁷ mas é principalmente mediante o do ministério excelso dos bispos que Jesus Cristo prega a palavra de Deus a todos os povos e administra continuamente os sacramentos da fé aos crentes; e, graças ao ofício paternal deles (cf. 1Cor 4,15), vai incorporando por geração sobrenatural novos membros ao seu corpo; finalmente, pela sabedoria e prudência dos bispos, dirige e orienta o povo do Novo

---

¹⁴ Cf. Leão XIII, Epist. Enc. Satis Cognitum, 29 jun. 1896: ASS 28 (1895-96) p. 732.
¹⁵ Cf. Conc. Trid., Sess. 23, Decr. de sacr. Ordinis, cap. 4: Denz. 960 (1768); Conc. Vat. I, Sess. 4, Const. Dogm. De Ecclesia Christi cap. 3: Denz. 1828 (3061). Pio XII, Carta Enc. Mystici Corporis, 29 jun. 1943: AAS 35 (1943), pp. 209 e 212. Cod. Iur. Can., C. 329 §1.
¹⁶ Cf. Leão XIII, Epist. Et Sane, 17 dez. 1888: AAS 21 (1888), pp. 321ss.
¹⁷ São Leão M., Serm. 5, 3. PL 54, 154.

Testamento na sua peregrinação para a eterna bemaventurança. Estes pastores, escolhidos para apascentarem a grei do Senhor, são os ministros de Cristo e os administradores dos mistérios de Deus (cf. 1Cor 4,1), e a eles está confiado o testemunho do Evangelho da graça de Deus (cf. Rm 15,16; At 20,24) e o serviço glorioso do Espírito e da justiça (cf. 2Cor 3,8-9).

Cristo enriqueceu os apóstolos com a efusão especial do Espírito Santo (cf. At 1,8; 2,4; Jo 20,22-23), em ordem a poderem desempenhar ofícios tão excelsos; os apóstolos, por sua vez, transmitiram aos seus colaboradores, pela imposição das mãos, este dom do Espírito (cf. 1Tm 4,14; 2Tm 1,6-7), que chegou até nós pela consagração episcopal.[18] Ensina, pois, este sagrado Concílio que, pela consagração episcopal, é conferida a plenitude do sacramento da ordem, chamada por isso, na liturgia da Igreja e na linguagem dos santos padres, "sumo sacerdócio", "cume do ministério sagrado".[19] Juntamente com o múnus de santificar, a consagração episcopal confere ainda os de

---

[18] CONC. TRID., Sess. 23 cap. 3 cita as palavras de 2Tm 1,6-7 para demonstrar que a Ordem é verdadeiro sacramento: DENZ. 959 (1766).

[19] Na Trad. Apost. 3. ed. Botte, Sources Chr., pp. 27-30, atribui-se ao bispo "primatus sacerdotii". Cf. Sacramentarium Leonianum, ed. C. Mohlberg; Sacramentarium Veronense, Roma, 1955, p. 119: "ad summi sacerdotii ministerium... Comple in sacerdotibus tuis mysterii summam"... Idem, Liber Sacramentorum Romanae Ecclesiae, Roma, 1960, pp. 121-122: "Tribuas eis, Domine, cathedram episcopalem ad regendam Ecclesiam tuam et plebem universam". Cf. PL 78, 224.

ensinar e de governar, ofícios aliás que, por sua natureza, não podem exercer-se senão em comunhão hierárquica com a cabeça e com os membros do colégio. Na verdade, da tradição, qual aparece sobretudo nos ritos litúrgicos e no uso da Igreja quer oriental quer ocidental, consta claramente que, pela imposição das mãos e pelas palavras consecratórias, se confere a graça do Espírito Santo[20] e se imprime o caráter sagrado,[21] de tal modo que os bispos, de maneira eminente e visível, fazem as vezes do próprio Cristo, Mestre, Pastor e Pontífice, e agem em seu nome.[22] Compete aos bispos admitir, no corpo episcopal, novos eleitos, pelo sacramento da ordem.

O colégio dos bispos e a sua cabeça

22. Tal como, por disposição do Senhor, são Pedro e os demais apóstolos formam um só colégio

---

[20] Trad. Apost., 2 Ed. Botte, p. 27.
[21] CONC. TRID., Sess. 23, cap. 4, ensina que o sacramento da Ordem imprime caráter indelével: DENZ. 960 (1769). Cf. JOÃO XXIII, Aloc. Iubilate Deo, 8 de maio 1960: AAS 52 (1960), p. 466. PAULO VI, Hom. na Bas. Vaticana, 20 out. 1963: AAS 55 (1963), p. 1014.
[22] SÃO CIPRIANO, Epist. 63, 14: PL 4, 386; HARTEL, III B, p. 713: "Sacerdos vice Christi vere fungitur". SÃO JOÃO CRISÓSTOMO, In 2Tm Hom. 2, 4: PG 62, 612: o sacerdote "symbolon" de Cristo. SANTO AMBRÓSIO, In Ps. 38, 25-26: PL 14, 1051-52: CSEL 64, 203-204. AMBROSIASTER, In 1Tm 5,19: PL 17, 479 C e In Eph. 4, 11-12: col. 387 C. TEODORO DE MOPS., Hom. Catech. XV. 21 e 24; ed. Tonneau, pp. 497 e 503. HESÍQUIO DE JERUSALÉM, In Lev. L. 2, 9, 23: PG 93, 894 B.

apostólico, de maneira semelhante o Romano Pontífice, sucessor de Pedro, e os bispos, sucessores dos apóstolos, estão unidos entre si. Já a mais antiga disciplina, segundo a qual os bispos do mundo inteiro tinham comunhão entre si e com o bispo de Roma pelos vínculos da unidade, da caridade e da paz,[23] e também os Concílios reunidos[24] para decidirem em comum as coisas mais importantes[25] depois de ponderadas as opiniões de muitos,[26] manifestam a índole e a natureza colegial da Ordem episcopal, claramente comprovada ainda pelos Concílios ecumênicos celebrados no decorrer dos séculos, e já sugeridas pelo uso antigo de chamar vários bispos a participarem na elevação dum novo eleito ao ministério do sumo sacerdócio. É em virtude da consagração sacramental, e mediante a comunhão hierárquica com a cabeça e os membros do colégio, que fica alguém constituído membro do corpo episcopal.

Mas o colégio ou corpo episcopal não tem autoridade, se nela não se considera incluído, como cabeça, o Romano Pontífice, sucessor de Pedro, permane-

---

[23] Cf. Eusébio, Hist. Eccl., V, 24, 10: GCS II, 1, p. 495; ed. Bardy. Sources Chret., II, p. 69. Dionísio, em Eusébio, VII, 5, 2: GCS II, 2, pp. 638ss. Bardy, II, pp. 168ss.

[24] Cf. sobre os antigos concílios. Eusébio, Hist. Eccl. V, 23-24; GCS II, 1. pp. 488ss. Bardy, II, pp. 66ss. e passim. Conc. Niceno can. 5: Conc. Oec. Decr. p. 7.

[25] Tertuliano, De Ieiunio, 13: PL 2, 972 B; CSEL 20, p. 292, lin. 13-16.

[26] São Cipriano Epist. 56, 3: Hartel, III B, p. 649; Bayard, p. 154.

cendo sempre íntegro o seu poder primacial sobre todos, tanto pastores como fiéis. Pois o Romano Pontífice, em virtude de seu cargo de Vigário de Cristo e de Pastor de toda a Igreja, tem poder pleno, supremo e universal sobre a Igreja, e pode sempre exercê-lo livremente. Por outro lado, a ordem dos bispos — que sucede ao colégio apostólico no magistério e no regime pastoral, e na qual perdura continuamente o corpo apostólico em união com a sua cabeça, o Romano Pontífice, e nunca sem ele — é também detentora do poder supremo e pleno sobre a Igreja universal, mas este poder não pode ser exercido senão com o consentimento do Pontífice Romano.[27] Só a Pedro o Senhor pôs como rocha e portador das chaves da Igreja (cf. Mt 16,18-19) e constituiu pastor de toda a sua grei (cf. Jo 21,15ss): mas o ofício que deu a Pedro de ligar e desligar (Mt 16,19), é sabido que o deu também ao colégio dos apóstolos, unido com a sua cabeça (Mt 18,18; 28,16-20).[28] Este colégio, porque se compõe de muitos, expressa a variedade e a universalidade do povo de Deus; e porque se agrupa sob uma só cabeça, significa a unidade da grei de Cristo. Nele os bispos,

---

[27] Cf. Relação oficial de ZINELLI, no CONC. VAT. I: MANSI 52, 1109 C.
[28] Cf. CONC. VAT. I, Esquema da Const. Dogm. II, de Ecclesia Christi, c. 4: MANSI 53, 310. Cf. Relação de KLEUTGEN sobre o esquema já reformado: MANSI 53, 321 B-322 B e a declaração de ZINELLI: MANSI 52, 1110 A. Ver também SÃO LEÃO M., Serm. 4, 3: PL 54, 151 A.

respeitando fielmente o primado e o principado da sua cabeça, exerçam poder próprio para o bem dos seus fiéis e até de toda a Igreja, enquanto o Espírito Santo vai robustecendo constantemente a sua estrutura orgânica e a sua concórdia. O poder supremo, que este colégio possui sobre toda a Igreja, é exercido de modo solene no Concílio ecumênico. Não pode haver Concílio ecumênico que como tal não seja aprovado ou ao menos reconhecido pelo sucessor de Pedro; e é prerrogativa do Romano Pontífice convocar estes Concílios, presidi-los e confirmá-los.[29] Este mesmo poder colegial, em união com o Papa, pode ser exercido pelos bispos dispersos pelo mundo, desde que a cabeça do colégio os convoque para uma ação colegial, ou ao menos aprove a ação conjunta dos bispos dispersos ou a aceite livremente, de modo a torná-la um verdadeiro ato colegial.

Relação dos bispos dentro do colégio

23. A união colegial manifesta-se também nas relações mútuas de cada bispo com as Igrejas particulares e a Igreja universal. O Romano Pontífice, como sucessor de Pedro, é o Princípio e o fundamento perpétuo e visível da unidade quer dos bispos quer da mul-

---

[29] Cf. Cod. Iur. Can., can. 227.

tidão dos fiéis.[30] Por sua vez, cada bispo é o princípio e o fundamento visível da unidade na sua Igreja particular,[31] formada à imagem da Igreja universal: em todas as Igrejas particulares está e de todas resulta a Igreja católica una e única.[32] Por isso, cada bispo representa a sua Igreja; e todos, juntamente com o Papa, representam toda a Igreja no vínculo da paz, do amor e da unidade.

Cada bispo, posto à frente duma Igreja particular, exerce o seu poder pastoral sobre a porção do povo de Deus que lhe foi confiada, mas não sobre as outras Igrejas nem sobre a Igreja universal. Cada um porém, como membro do colégio episcopal e sucessor legítimo dos apóstolos, por instituição e preceito de Cristo, deve ter pela Igreja universal uma solicitude,[33] que, embora não se exerça por atos de jurisdição, contribui imenso para a bem da Igreja inteira. Na verdade, devem todos as bispos promover e defender a unidade de fé e a disciplina, comuns a toda a Igreja, instruir os fiéis no amor de todo a corpo místico de Cristo, espe-

---

[30] Cf. Conc. Vat. I, Const. Dogm. Pastor Aeternus: Denz. 1821 (3050s).
[31] Cf. são Cipriano, Epist. 66, 8: Hartel, III 2, p. 733: "Episcopus in Ecclesia et Ecclesia in Episcopo".
[32] Cf. são Cipriano, Epist. 55, 24: Hartel, p. 642, lin. 13: "Una Ecclesia per totum mundum in multa membra divisa". Epist. 36, 4: Hartel, p. 575, lin. 20-21.
[33] Cf. Pio XII, Carta Enc. Fidei Donum, 21 abr. 1957: AAS 49 (1957), p. 237.

cialmente dos membros pobres, dos que sofrem e dos que são perseguidos pela causa da justiça (cf. Mt 5,10); devem, enfim, promover toda a atividade comum à Igreja inteira, com o objetivo de dilatar a fé e fazer brilhar para todos os homens a luz da verdade total. É aliás evidente que, governando bem cada um a própria Igreja, porção da Igreja universal, está contribuindo eficazmente para o bem de todo o corpo místico, que é também o corpo das Igrejas.[34]

O cuidado de anunciar o Evangelho em todo o mundo pertence ao corpo dos pastores, pois a todos em comum deu Cristo o mandato e impôs um dever comum, como já o papa Celestino dizia na recomendação aos padres do Concílio de Éfeso.[35] Por isso, todos e cada um dos bispos, na medida que lhes permite o cumprimento da função própria, são obrigados a colaborar entre si e com o sucessor de Pedro, a quem foi confiada de modo especial a tarefa ingente de propagar a religião cristã.[36] Devem, pois, com todas as

---

[34] Cf. SANTO HILÁRIO DE POITIERS, In Ps. 14, 3: PL 9, 206; CSEL 22, p. 86: SÃO GREGÓRIO M., Moral, IV, 7, 12: PL 75, 643 C. Ps. BASÍLIO, In Is., 15, 296: PG 30, 637 C.
[35] SÃO CELESTINO, Epist. 18, 1-2, ao Conc. de Éfeso: PL 50, 505 AB; SCHWARTZ, Acta Conc. Oec. I, 1, 1, p. 22. Cf. BENTO XV, Epist. Apos. Maximum Illud: AAS 11 (1919), p. 440. PIO XI, Carta Enc. Rerum Ecclesiae, 28 fev. 1926: AAS 18 (1926), p. 69. PIO XII, Carta Enc. Fidei Donum, 1. cit.
[36] LEÃO XIII, Carta Enc. Grande munus, 30 set. 1880: ASS 13 (1880), p. 154. Cf. Cod. Iur. Can., c. 1327; c. 1350 § 2.

suas forças, prover as missões, quer de operários para a messe, quer de socorros espirituais e materiais, ou diretamente por si ou suscitando a cooperação pronta dos fiéis. Finalmente, nesta comunhão universal de caridade, prestem os bispos de boa vontade ajuda fraterna às outras Igrejas, especialmente às mais próximas e às mais pobres, seguindo o exemplo venerando da antiguidade.

Dispôs a divina providência que várias Igrejas, fundadas em diversas regiões pelos apóstolos e seus sucessores, reunissem-se com o decorrer dos tempos em grupos organicamente estruturados, que, salvaguardando a unidade da fé e a única constituição divina da Igreja universal, gozem de disciplina, de liturgia e de tradição teológica próprias. E, algumas dessas, especialmente as antigas Igrejas patriarcais, como mães da fé, geraram filhas, às quais continuaram ligadas até hoje por vínculos mais íntimos de caridade na vida sacramental e na observância mútua de direitos e deveres.[37] Esta variedade das Igrejas locais, assim a tenderem para a unidade, demonstra, com maior evidência, a catolicidade da Igreja indivisa. De modo

---

[37] Sobre os direitos das Sés patriarcais, cf. Conc. Nic., can. 6, sobre Alexandria e Antioquia, e can. 7 sobre Jerusalém: Conc Oec. Decr., p. 8 — Conc. Lat. IV, ano 1215, Constit. V: De Dignitate Patriarcharum: ibid., p. 121 — Conc. Ferr. Flor., ibid., p. 504.

semelhante, as conferências episcopais podem hoje desenvolver uma ação variada e fecunda, para que o espírito colegial encontre aplicações concretas.

O ministério dos bispos

24. Os bispos, como sucessores dos apóstolos, recebem do Senhor, a quem foi dado todo o poder no céu e na terra, a missão de ensinar todas as gentes e de pregar o Evangelho a toda criatura, para que todos os homens alcancem a salvação pela fé, pelo batismo e pela observância dos mandamentos (cf. Mt 28,18; Mc 16,15-16; At 26,27ss). Para o desempenho desta missão, Cristo Senhor nosso prometeu o Espírito Santo aos apóstolos, e enviou-o no dia de Pentecostes para que, robustecidos com a sua força, eles fossem suas testemunhas até os confins da terra, perante as gentes, os povos e os reis (cf. At 1,8; 2,1ss; 9,15). Este encargo, que o Senhor confiou aos pastores do seu povo, é um verdadeiro serviço que na Sagrada Escritura se chama com muita propriedade "diakonia", isto é, ministério (cf. At 1,17 e 25; 21,19; Rm 11,13;1Tm 1,12).

A missão canônica dos bispos pode ser conferida segundo os costumes legítimos, que não hajam sido revogados pelo poder supremo e universal da Igreja, ou segundo leis promulgadas ou reconhecidas pela mesma autoridade, ou ainda diretamente pelo próprio sucessor de Pedro; e nenhum bispo pode ser elevado a tal ofício, se o Papa lhe recusa ou nega a comunhão apostólica.[38]

Função docente dos bispos

25. De entre os deveres principais dos bispos, sobressai a pregação do Evangelho.[39] Os bispos são, efetivamente, os arautos da fé, que levam a Cristo novos discípulos; e os doutores autênticos, isto é, investidos na autoridade de Cristo, que ao povo a eles confiado pregam a fé que deve crer e aplicar à vida e a ilustram à luz do Espírito Santo, tirando do tesouro da revelação coisas novas e velhas (cf. Mt 13,52); a fazem frutificar; e afastam com cuidado os erros que ameaçam as suas greis (cf. 2Tm 4,1-4). Quando ensinam em comunhão com o Romano Pontífice, os bispos devem ser considerados por todos como testemunhas da verdade divina e católica; e cada fiel deve aceitar o juízo que o seu bispo dá em nome de Cristo, nas coisas de fé e moral, e aderir a ele com religioso

---

[38] Cf. Cod. Iur. pro Eccl. Orient., can. 216-314: dos Patriarcas; can. 324-339: dos Arcebispos Maiores; can. 362-391: dos outros dignitários; em especial can. 238 § 3; 216; 251, 255: dos bispos que devem ser nomeados pelo Patriarca.

[39] Cf. CONC. TRID., Decr. de reform., Sess. V, c. 2, n. 9, e Sess. XXIV, can. 4; Conc. Oec. Decr., pp. 645 e 739.

respeito. Este assentimento religioso da vontade e da inteligência deve, de modo particular, prestar-se ao magistério autêntico do Romano Pontífice, ainda mesmo quando não fala "ex-cátedra", de maneira que se reconheça com reverência o seu magistério supremo e se adira sinceramente à doutrina que o Papa apresenta, quais transparecem principalmente quer da índole dos documentos, quer da freqüência em propor a mesma doutrina, quer da própria maneira de falar.

Embora não gozem da prerrogativa da infalibilidade pessoal, os bispos, no exercício do seu magistério autêntico em matéria de fé e costumes,[40] enunciam a doutrina de Cristo de modo infalível quando — dispersos pelo mundo, mas conservando a comunhão entre si e com o sucessor de Pedro — concordam em propor uma sentença a seguir como definitiva. Isto é ainda mais manifesto quando, reunidos em Concílio ecumênico, são para toda a Igreja juízes e doutores da fé e dos costumes, devendo aderir-se às suas definições com assentimento de fé.[41]

A infalibilidade, de que o Divino Redentor dotou a sua Igreja para definir a doutrina de fé e costu-

---

[40] Cf. CONC. VAT. I, Const. dogm. Dei Filius, 3: DENZ. 1712 (3011). Cf. nota junta ao esquema I de Eccl. (tirada de SÃO ROB. BELLARMINO): MANSI 51, 579 C; e também o comentário de KLEUTGEN: MANSI 53, 313 AB. PIO IX, Epist. Tuas libenter: DENZ. 1683. (2879).

[41] Cf. Cod. Iur. Can., c. 1322-1323.

mes, abrange o depósito da revelação que deve ser guardado com zelo e exposto com fidelidade. O Romano Pontífice, cabeça do colégio episcopal, goza desta infalibilidade em virtude do seu ofício, quando define uma doutrina de fé ou de costumes, como supremo Pastor e Doutor de todos os cristãos, confirmando na fé os seus irmãos (cf. Lc 22,32).[42] Por isso, as suas definições são irreformáveis em si mesmas, sem necessidade do consentimento da Igreja, uma vez que são pronunciadas sob a assistência do Espírito Santo, prometida ao Papa na pessoa de Pedro: não precisam da aprovação de ninguém, nem admitem qualquer apelo a outro juízo. É que nestes casos, o Romano Pontífice não dá uma opinião como qualquer pessoa privada, mas propõe ou defende a doutrina da fé católica como mestre supremo da Igreja universal, dotado pessoalmente do carisma da infalibilidade que pertence à Igreja.[43] A infalibilidade da Igreja reside igualmente no corpo episcopal, quando exerce o magistério supremo, em comunhão com o sucessor de Pedro. E a estas definições nunca pode faltar o assentimento da Igreja, devido à ação do Espírito Santo, que mantém e faz crescer na unidade da fé a grei de Cristo.[44]

---

[42] Cf. CONC. VAT. I, Const. dogm. Pastor Aeternus: DENZ. 1839 (3074).
[43] Cf. a explicação de GASSER no CONC. VAT. I: MANSI, 52, 1213 AC.
[44] GASSER, ib.: MANSI, 1214 A.

Quando o Romano Pontífice, ou o corpo episcopal juntamente com ele, define uma doutrina, fá-lo em harmonia com a revelação, à qual todos devem obedecer e conformar-se. Esta, escrita ou comunicada por meio da legítima sucessão dos bispos e, sobretudo, pelo cuidado do Romano Pontífice, é integralmente transmitida, conservada intacta na Igreja e exposta com fidelidade sob a luz do Espírito de Verdade.[45] O Sumo Pontífice e os bispos, cada qual na medida dos respectivos deveres e conforme a gravidade do assunto, esforçam-se cuidadosamente e usam os meios aptos[46] para a investigação séria e a enunciação conveniente da revelação; não reconhecem, porém, qualquer nova revelação pública como pertencendo ao depósito divino da fé.[47]

Função santificadora dos bispos

26. O bispo, revestido da plenitude do sacramento da ordem, é o administrador da graça do sumo sacerdócio,[48] especialmente na eucaristia que ele oferece ou manda oferecer,[49] e pela qual a Igreja vive e

---

[45] GASSER, ib.: MANSI 1215 CD, 1216-1217 A.
[46] GASSER, ib.: MANSI 1213.
[47] CONC. VAT. I, Const. Dogm. Pastor Aeternus, 4: DENZ. 1836 (3070).
[48] Oração da sagração episcopal no rito bizantino: Euchologion to mega, Roma, 1873, p. 139.
[49] Cf. SANTO INÁCIO M., Smyrn. 8,1: ed. Funk, I, p. 282.

cresce continuamente. Esta Igreja de Cristo está verdadeiramente presente em todas as legítimas comunidades locais de fiéis; elas mesmas, unidas aos seus pastores, recebem no Novo Testamento o nome de Igrejas.[50] São, em cada território, o povo novo, chamado por Deus no Espírito Santo e em grande plenitude (cf. 1Ts 1,5). Nelas se reúnem os fiéis por meio da pregação do Evangelho de Cristo e se celebra o mistério da ceia do Senhor, "para que, pela carne e o sangue do corpo do Senhor, se mantenham unidos todos os irmãos".[51] Cada comunidade reunida em volta do altar, sob o ministério sagrado do bispo,[52] é símbolo daquela caridade e "daquela unidade do corpo místico sem a qual não pode haver salvação".[53] Cristo está presente nestas comunidades, por mais reduzidas, pobres e dispersas que sejam, e congrega pelo seu poder a Igreja una, santa, católica e apostólica.[54] Na verdade, "a participação no corpo e no sangue de Cristo não opera outra coisa senão a nossa transformação naquilo que recebemos".[55]

Toda a celebração legítima da eucaristia é dirigida pelo bispo, a quem foi confiado o dever de prestar à

---

[50] Cf. At 8,1; 14,22-23; 20,17 e passim.
[51] Oração moçárabe: PL 96, 759 B.
[52] Cf. SANTO INÁCIO M., Smyrn. 8, 1: ed. Funk, I, p. 282.
[53] SANTO TOMÁS, Summa Theol. III, q. 73, a. 3.
[54] Cf. SANTO AGOSTINHO, C. Faustum, 12, 20: PL 42, 265; Serm. 57, 7: PL 38, 389 etc.
[55] SÃO LEÃO M., Serm. 63, 7: PL 54, 357 D.

Majestade divina o culto da religião cristã e de o regular conforme os preceitos do Senhor e as leis da Igreja, que ele deve especificar ulteriormente a seu critério, adaptando-as à sua diocese.

Deste modo, os bispos, rezando pelo povo e trabalhando, repartem de vários modos e com abundância a plenitude da santidade de Cristo. Pelo ministério da palavra comunica a força de Deus para a salvação dos crentes (cf. Rm 1,16), e santificam os fiéis pelos sacramentos, cuja administração ordenada e frutuosa regulam com a própria autoridade.[56] Regulamentam a administração do batismo que dá a participação no sacerdócio régio de Cristo. São eles os ministros primários da confirmação, os dispensadores das sagradas ordens, os ordenadores da disciplina penitencial; exortam e instruem com solicitude o seu povo, para que participe com fé e devoção na liturgia, especialmente no santo sacrifício da missa. Devem, finalmente, edificar com o exemplo de sua vida aqueles de quem são chefes, guardando os seus costumes de todo o mal e levando-os, com ajuda de Deus, à perfeição, para que possam chegar à vida eterna juntamente com a grei que lhes foi confiada.[57]

---

[56] Traditio Apostolica de Hipólito, 2-3: ed. Botte, pp. 26-30.
[57] Cf. o texto do exame no início da sagração episcopal e a oração no fim da missa da mesma sagração, depois do Te Deum.

Função governativa dos bispos

27. Os bispos regem como vigários e legados de Cristo as Igrejas particulares a eles confiadas,[58] com os seus conselhos, exortações e exemplos, e ainda com a sua autoridade e o seu poder sagrado, de que se serve unicamente para fazer crescer a sua grei na santidade e na verdade, lembrados de que quem é o maior deve tornar-se o menor, e quem ocupa o primeiro lugar deve ser como aquele que serve (cf. Lc 22,26-27). Este poder, de que pessoalmente dispõe em nome de Cristo, é próprio, ordinário e imediato, ainda que o seu exercício seja regulado em última instância pela suprema autoridade da Igreja, e possa circunscrever-se dentro de limites determinados, tendo em vista a utilidade da Igreja ou dos fiéis. Por força deste poder, os bispos têm o direito sagrado e, diante do Senhor, o dever de legislar para os seus súditos, de os julgar e de regular tudo quanto diz respeito à organização do culto e do apostolado.

A eles está confiado plenamente o ofício pastoral, isto é, a solicitude habitual e cotidiana das suas ovelhas, e não devem ser considerados como vigários

---

[58] BENTO XIV, Br. Romana Ecclesia, 5 out. 1752, § 1: Bullarium Benedicti XIV, t. IV, Roma, 1758, 21: "Episcopus Christi typum gerit, Eiusque munere fungitur". Pio XII, Carta Enc. Mystici Corporis 1, cit., p. 21: "Assignatos sibi greges singuli singulos Christi nomine pascunt et regunt".

do Romano Pontífice, já que estão revestidos de poder próprio, e são, com toda a verdade, os chefes dos povos que governam.[59] Por isso, o seu poder não fica anulado pelo poder supremo e universal, mas antes é por ele confirmado, fortalecido e defendido,[60] conservando o Espírito Santo intacta a forma de regime que Cristo Senhor nosso estabeleceu na sua Igreja. Enviado pelo Pai de família, a governar a sua família, o bispo tenha sempre diante dos olhos o exemplo do Bom Pastor que veio não para ser servido, mas para servir (cf. Mt 20,28; Mc 10,45) e dar a vida pelas suas ovelhas (cf. Jo 10,11). Escolhido de entre os homens e revestido, também ele, de fraquezas pode compadecer-se dos ignorantes e dos extraviados (cf. Hb 5,1-2). Não se recuse a ouvir os seus súditos, amando-os como a verdadeiros filhos e exortando-os a colaborarem prontamente consigo. Consciente de que tem de dar contas a Deus pelas almas deles (cf. Hb 13,17), abranja com a oração, a pregação e todas as obras de caridade, não só os súditos, mas também aqueles que não são ainda do único redil, os quais no entanto deve considerar como pessoas que lhe estão recomendadas no

---

[59] LEÃO XIII, Epist. Enc. Satis cognitum, 29 jun. 1896: AAS 28 (1895-96), p. 732. IDEM, Epist. Officio Sanctissimo, 22 dez. 1887: ASS 20 (1887), p. 264. PIO IX, Carta Apost. aos bispos da Alemanha, 12 mar. 1875, e Aloc. consist. 15 mar. 1875: DENZ. 3112-3117, só na nova ed.
[60] CONC. VAT. I, Const. dogm. Pastor Aeternus, 3: DENZ. 1828 (3061). Cf. Relação de ZINELLI: MANSI 52, 1114 D.

Senhor. Sendo ele para com todos devedor, como o apóstolo Paulo, esteja pronto a anunciar o Evangelho a todos (cf. Rm 1,14-15), e estimule os seus fiéis a darem-se a atividades apostólicas e missionárias. Os fiéis, por seu lado, devem conservar-se unidos ao bispo como a Igreja está unida a Jesus Cristo, e como Jesus Cristo ao Pai, para que todas as coisas se harmonizem na unidade[61] e redundem em glória de Deus (cf. 2Cor 4,15).

Os presbíteros, suas relações com Cristo, com os bispos, com o presbitério e com o povo cristão

28. Cristo a quem o Pai santificou e enviou ao mundo (Jo 10,36), fez participar os bispos da sua consagração e da sua missão, por meio dos apóstolos, aos quais eles sucedem;[62] e os bispos confiaram legitimamente o cargo do seu ministério, em grau diverso, a pessoas diversas na Igreja. Assim, o ministério eclesiástico, de instituição divina, é exercido em ordens diversas por aqueles que já antigamente eram chamados bispos, presbíteros e diáconos.[63] Ainda que não

---

[61] Cf. Santo Inácio M., Ad Ephes. 5, 1: ed. Funk, I, p. 216.
[62] Cf. santo Inácio M., Ad Ephes. 6, 1: ed. Funk, I, p. 218; e também Martyrium Polycarpi, 12, 2: ib., 328.
[63] Cf. Conc. Trid., Sess. 23, De Sacr. Ordinis, cap. 2: Denz. 958 (1765), e can. 6: Denz. 966 (1776).

tenham sido elevados ao pontificado e dependam dos bispos no exercício dos seus poderes, os presbíteros estão-lhes unidos na dignidade sacerdotal comum [64] e, pelo sacramento da ordem,[65] ficam consagrados para pregar o Evangelho, apascentar os fiéis e celebrar o culto divino, como verdadeiros sacerdotes do Novo Testamento,[66] à imagem de Cristo, sumo e eterno Sacerdote (Hb 5,1-10; 7,24; 9,11-28). Participando, no grau próprio do seu ministério, da função de Cristo, Mediador único (1Tm 2,6), anunciam a todos a palavra de Deus. Exercem o seu ministério sagrado principalmente na celebração da eucaristia; nela, agindo na pessoa de Cristo[67] e proclamando o seu mistério, juntam as orações dos fiéis ao sacrifício de Cristo, sua cabeça; renovam e aplicam no sacrifício da missa, até a vinda do Senhor (cf. 1Cor 11,26), o único sacrifício do Novo Testamento, no qual Cristo, uma vez por todas, ofereceu-se ao Pai como hóstia imaculada (cf. Hb 9,11-28).[68]

---

[64] Cf. INOCÊNCIO I, Epist. ad Decentium: PL 20, 554 A: Mansi 3, 1029: DENZ. 98 (215): "Presbyteri, licet secundi sint sacerdotes, pontificatus tamen apicem non habent". SÃO CIPRIANO, Epist. 61, 3: ed. Hartel, p. 696.

[65] Cf. CONC. TRID., 1 cit., Denz. 956a-968 (1763-1778) e em especial can. 7: DENZ. 967 (177). PIO XII, Const. Apost. Sacramentum Ordinis: DENZ. 2301 (3857-61).

[66] Cf. INOCÊNCIO I, 1. cit. SÃO GREGÓRIO NAZ., Apol. II, 22: PG 35, 432 B. Ps. — DIONÍSIO, Eccl. Hier., 1, 2: PG 3, 372 D.

[67] CONC. TRID., Sess. 22: DENZ. 940 (1743). PIO XII, Carta Enc. Mediator Dei, 20 nov. 1947: AAS 39 (1947), p. 553, DENZ. 2300 (3850).

[68] Cf. CONC. TRID., Sess. 22: DENZ. 938 (1739-40). CONC. VAT. II, Const. De Sacra Liturgia, n. 7 e n. 47.

E muito especialmente exercem o ministério da reconciliação e do alívio, em favor dos arrependidos e dos doentes, e apresentam a Deus-Pai as necessidades e as orações dos fiéis (cf. Hb 5,1-4). Desempenhando, na medida da sua autoridade, a função de Cristo, pastor e cabeça,[69] congregam a família de Deus em fraternidade a tender para a unidade,[70] e conduzem-na por Cristo e no Espírito, até Deus-Pai. No meio da própria grei, adoram-no em espírito e verdade (cf. Jo 4,24). Finalmente, trabalham na pregação e no ensino (cf. 1Tm 5,17), acreditando no que lerem quando meditarem na lei do Senhor, ensinando o que crerem e pondo em prática aquilo que ensinarem.[71]

Os presbíteros, chamados ao serviço do povo de Deus, como prudentes cooperadores da ordem episcopal,[72] seus auxiliares e seus instrumentos, constituem com o bispo um único presbitério,[73] ou corpo sacerdotal, embora diversificado pelas funções. Em cada uma das comunidades locais de fiéis, como que tornam presente o bispo a quem estão unidos pela confiança e magnanimidade de espírito, e de cujo cargo e solicitude

---

[69] Cf. Pio XII, Carta Enc. Mediator Dei, l. cit., n. 67.
[70] Cf. são Cipriano, Epist. 11, 3: PL 4, 242 B; Hartel, II, 2, p. 497.
[71] Ordo consecrationis sacerdotalis, na imposição das vestes.
[72] Ordo consecrationis sacerdotalis, no prefácio.
[73] Cf. santo Inácio M., Philad. 4: ed. Funk, I, p. 266. São Cornélio I, em são Cipriano, Epist. 48, 2: Hartel, III, 2, p. 610.

tomam sobre si uma parte, exercendo-a com dedicação todos os dias. Sob a autoridade do bispo, santificam e dirigem a porção da grei do Senhor que lhes foi confiada, tornam visível nesse lugar a Igreja universal e dão o seu contributo eficaz para a edificação de todo o corpo de Cristo (cf. Ef 4,12). Interessados sempre no bem dos filhos de Deus, procurem colaborar na ação pastoral de toda a diocese e mesmo da Igreja inteira. Mercê desta participação no sacerdócio e na missão, os presbíteros reconheçam o bispo como seu verdadeiro pai e obedeçam-lhe com respeito. O bispo, por seu lado, considere os sacerdotes seus colaboradores, como filhos e amigos, como fez Cristo, que aos discípulos não chamou servos, mas amigos (cf. Jo 15,15). Em virtude do sacramento da ordem e do ministério, todos os sacerdotes, quer diocesanos quer religiosos, estão unidos ao corpo episcopal e trabalham para o bem de toda a Igreja, segundo a vocação e a graça de cada um.

A mesma sagrada ordenação e a mesma missão criam, entre todos os presbíteros, laços de íntima fraternidade, que deve traduzir-se espontânea e alegremente na ajuda mútua, espiritual e material, pastoral e pessoal, nas reuniões, na comunhão de vida, de trabalho e de caridade.

Tenham cuidados de pai em Cristo para com os fiéis, a quem geraram espiritualmente pelo batismo e pela doutrina (cf. 1Cor 4,15; 1Pd 1,23). Esforcem-se por ser modelos do povo (1Pd 5,3), governem e estejam ao serviço da sua comunidade local, de tal forma que ela mereça de fato o nome que pertence só ao povo de Deus e a todo ele, o nome de Igreja de Deus (cf. 1Cor 1,2; 2Cor 1,1; passim). Lembrem-se de que, com a sua conduta de cada dia e com a sua solicitude, devem mostrar a imagem dum ministério verdadeiramente sacerdotal e pastoral aos fiéis e infiéis, aos católicos e não católicos e devem dar a todos testemunho de verdade e de vida; e como bons pastores devem ir procurar também (cf. Lc 15,4-7) aqueles que foram batizados na Igreja Católica, mas abandonaram a prática dos sacramentos ou mesmo perderam a fé.

Como hoje em dia a humanidade tende cada vez mais para a unidade civil, econômica e social, assim importa que os sacerdotes, unindo o seu zelo e os seus esforços sob a orientação dos bispos e do Sumo Pontífice, procurem suprimir qualquer motivo de dispersão, para que todo o gênero humano seja reconduzido à unidade da família de Deus.

Os diáconos

29. No grau inferior da hierarquia estão os diáconos que receberam e recebem a imposição das mãos, "não para o sacerdócio mas para o ministério".⁷⁴ Assim, confortados pela graça sacramental, servem o povo de Deus nos ministérios da liturgia, da palavra e da caridade, em comunhão com o bispo e o seu presbítero. Pertence ao diácono, conforme as determinações da autoridade competente, administrar o batismo solene, conservar e distribuir a eucaristia, assistir em nome da Igreja aos matrimônios e abençoá-los, levar o viático aos moribundos, ler a Sagrada Escritura aos fiéis, instruir e exortar o povo, presidir ao culto e à oração dos fiéis, administrar os sacramentais e presidir aos ritos dos funerais e da sepultura. Dedicados às tarefas de caridade e administração, recordem os diáconos aquele conselho de são Policarpo: "Misericordiosos e diligentes, procedam de harmonia com a verdade do Senhor que se fez servidor de todos".⁷⁵

Tendo em conta que, segundo a disciplina hoje em dia vigente na Igreja latina, em várias regiões só dificilmente se chegam a desempenhar estas funções tão necessárias para a vida da Igreja, daqui em diante poderá o diaconado ser restabelecido como grau próprio e permanente na hierarquia. Competirá às confe-

---

⁷⁴ Constitutiones Ecclesiae aegyptiacae, III, 2: ed. Funk, Didascalia, II, p. 103. Statuta Eccl. Ant. 37-41: Mansi 3, 954.
⁷⁵ São Policarpo, Ad Phil. 5, 2: ed. Funk, I, p. 300: diz-se de Cristo "omnium diaconus factus". Cf. São Clemente Rom., Ad Cor. 15. 15, 1: ib., p. 32. Santo Inácio M., Trall. 2, 3: ib., p. 242. Constitutiones Apostolorum, 8, 28, 4: ed. Funk, Didascalia, I, p. 530.

rências episcopais territoriais, de maior ou menor âmbito decidir, com a aprovação do Sumo Pontífice, se é oportuno e onde, para o bem das almas, se instituírem tais diáconos. Poderá este diaconado, com o consentimento do Romano Pontífice, ser conferido a homens de idade madura, mesmo casados, ou também a jovens idôneos; mas para estes últimos mantém-se em vigor a lei do celibato.

CAPÍTULO IV

OS LEIGOS

Introdução

30. O Sagrado Concílio, depois de ter enunciado as funções da hierarquia, de bom grado dirige o seu pensamento para o estado daqueles fiéis que têm o nome de leigos. Quanto se disse do povo de Deus, vale igualmente para leigos, religiosos e clérigos. Todavia certas coisas dizem respeito de modo particular aos leigos, homens e mulheres, em razão da sua condição e da sua missão e importa considerar-lhes os fundamentos com mais cuidado, em virtude das especiais circunstâncias do tempo atual. Os sagrados pastores reconhecem perfeitamente quanto os leigos contribuem para o bem de toda a Igreja. Sabem que os pastores não foram instituídos por Cristo para assumirem sozinhos toda a missão da Igreja quanto à salvação do mundo, mas que o seu excelso múnus é apascentar os fiéis e reconhecer-lhes os serviços e os carismas, de tal maneira que todos, a seu modo, cooperem unanimemente na tarefa comum. É, pois, necessário que todos, "professando a verdade na caridade, cresçamos em tudo para aquele que é a cabeça, Cristo, pelo influxo do qual o corpo inteiro — bem ajustado e coeso por meio de toda a espécie de junturas que o alimentam, mediante uma ação proporcionada a cada uma das partes — realiza o seu crescimento, em ordem à própria edificação na caridade" (Ef 4,15-16).

Que se entende por leigos

31. Por "leigos" entende-se aqui o conjunto dos fiéis, com exceção daqueles que receberam uma ordem sacra ou abraçaram o estado religioso aprovado pela Igreja, isto é, os fiéis que — por haverem sido incorporados em Cristo pelo batismo e constituídos em povo de Deus, e por participarem a seu modo do múnus sacerdotal, profético e real de Cristo — realizam na Igreja e no mundo, na parte que lhes compete, a missão de todo o povo cristão.

A índole secular é própria e peculiar dos leigos. Na verdade, os que receberam ordens sacras — embora possam algumas vezes ocupar-se das coisas seculares, exercendo até uma profissão secular — em virtude da sua vocação estão destinados principal e diretamente ao sagrado ministério; os religiosos, pelo seu estado, dão alto e exímio testemunho de que o mundo não pode transfigurar-se e oferecer-se a Deus sem o espírito das bem-aventuranças. Aos leigos compete, por vocação própria, buscar o reino de Deus, ocupando-se das coisas temporais e ordenando-as segundo Deus. Vivem no mundo, isto é, no meio de todas e cada uma das atividades e profissões e nas circunstâncias ordinárias da vida familiar e social, as quais como que tecem a sua existência. Aí os chama Deus a contribuírem, do interior, à maneira de fermento, para a santificação do mundo, por meio do cumprimento do próprio dever, guiados pelo espírito evangélico; e a manifestarem Cristo aos outros, antes de mais nada com o testemunho da vida e com o fulgor da sua fé, esperança e caridade. A eles compete muito especialmente esclarecer e ordenar todas as coisas temporais com que estão intimamente comprometidos, de tal maneira que sempre se realizem segundo o espírito de Cristo, desenvolvam-se e louvem o Criador e o Redentor.

Unidade na diversidade

32. A santa Igreja é, por instituição divina, organizada e dirigida em variedade admirável. "Porque, como, em um só corpo, nós temos muitos membros e nem todos os membros exercem a mesma função, assim nós, que muitos somos, constituímos em Cristo um corpo único, sendo individualmente membros uns dos outros" (Rm 12,4-5).

É, portanto, uno o povo eleito de Deus: "Um só Senhor, uma só fé, um só batismo" (Ef 4,5); comum é a dignidade dos membros pela sua regeneração em Cristo, comum a graça de filhos, comum a vocação à perfeição; uma só salvação, uma só esperança e caridade indivisível. Nenhuma desigualdade existe em Cristo e na Igreja, por motivo de raça ou de nação, de condição social ou de sexo, pois que não há "judeu nem grego, nem escravo nem livre, nem homem nem mulher; todos vós sois 'um' em Cristo Jesus" (Gl 3,28 grego; cf. Cl 3,11).

Mas se, na Igreja, nem todos caminham pela mesma via, todos são chamados à santidade e têm igualmente a mesma fé pela justiça de Deus (cf. 2Pd 1,1). E se é certo que alguns, por vontade de Cristo, são constituídos para os demais como doutores, administradores dos mistérios e pastores, reina afinal entre todos verdadeira igualdade no que respeita à dignidade e à ação comum do conjunto dos fiéis para a edificação do corpo de Cristo. A distinção, que o Senhor estabeleceu, entre os ministros sagrados e o restante do povo de Deus implica união, pois os pastores e os fiéis estão vinculados entre si por uma relação mútua; os pastores da Igreja, seguindo o exemplo do Senhor, estejam ao serviço uns dos outros e dos fiéis, e estes por sua vez prestem de boa vontade colaboração aos pastores e doutores. Assim, na variedade, todos dão testemunho da admirável unidade do corpo de Cristo, pois a própria diversidade de graças, de ministérios e de funções agrupa na unidade os filhos de Deus, já que "um só e mesmo Espírito é o que opera todas estas coisas" (1Cor 12,11).

Se os leigos, por designação divina, têm a Cristo como irmão, ele que, sendo Senhor de todos, veio não para ser servido mas para servir (cf. Mt 20,28), têm igualmente como irmãos aqueles que, constituídos no sagrado ministério e ensinando, santificando e governando por autoridade de Cristo, apascentam a família de Deus de tal modo que todos cheguem a cumprir o preceito novo da caridade. A este propósito, diz com tanto acerto santo Agostinho: "Se me aterra o ser para vós, consola-me o estar convosco. Para vós sou bispo, convosco sou cristão. Aquele é o nome do ofício, este o da graça; aquele o do perigo, este o da salvação".[1]

Apostolado dos leigos

33. Os leigos, congregados no povo de Deus e constituídos no único corpo de Cristo sob uma só cabeça, quaisquer que sejam, são chamados a contribuir para o incremento e para a santificação perene da Igre-

---

[1] SANTO AGOSTINHO, Serm. 340, 1: PL 38, 1483.

ja, como membros vivos, aplicando todas as forças recebidas de Deus e de Cristo Redentor.

O apostolado dos leigos é participação na própria missão salvífica da Igreja; a este apostolado são destinados todos pelo Senhor ao receberem o batismo e a confirmação. Pelos sacramentos, especialmente pela sagrada eucaristia, comunica-se e alimenta-se aquela caridade para com Deus e para com os homens, que é a alma de todo apostolado. Mas os leigos são chamados de modo especial a tornar presente e operante a Igreja naqueles lugares e circunstâncias onde ela só por meio deles pode vir a ser sal da terra.[2] Assim todo leigo, por virtude dos dons que recebeu, é testemunha e ao mesmo tempo instrumento vivo da própria missão da Igreja "segundo a medida do dom de Cristo" (Ef 4,7).

Além deste apostolado, que pertence a todos os fiéis sem exceção, os leigos podem ser chamados por diversos modos a uma colaboração mais imediata com o apostolado da hierarquia,[3] à semelhança daqueles homens e mulheres que ajudavam o apóstolo Paulo na

---

[2] Cf. Pio XI, Carta Enc. Quadragesimo Anno, 15 maio 1931: AAS 23 (1931), pp. 221ss. Pio XII, aloc. De quelle consolation, 14 out. 1951: AAS 43 (1951), p. 790ss.

[3] Pio XII, Aloc. Six ans se sont écoulés, 5 out. 1957: AAS 49 (1957), p. 927. Sobre "o mandato" e missão canônica, cf. o Decreto De Apostolatu Laicorum, cap. IV, n. 16, com as notas 12 e 13.

evangelização, trabalhando muito no Senhor (cf. Fl 4,3; Rm 16,3ss). Têm além disso capacidade para serem destinados pela hierarquia ao exercício de determinados ofícios eclesiais, com um fim espiritual.

Pesa ainda sobre todos os leigos o encargo glorioso de trabalhar para que o plano divino da salvação atinja cada vez mais todos os homens, em quaisquer tempos e lugares. Abrangem-se-lhes, pois, todos os caminhos para que, segundo as suas forças e as necessidades dos tempos, participem também eles, ardorosamente, na tarefa salvadora da Igreja.

Consagração do mundo

34. Cristo Jesus, sumo e eterno Sacerdote, querendo continuar também por meio dos leigos o seu testemunho e o seu ministério, vivifica-os com o seu Espírito e impele-os constantemente a toda obra boa e perfeita.

Àqueles que une intimamente à sua vida e missão, dá-lhes também parte no seu múnus sacerdotal em ordem a exercerem um culto espiritual, para glória de Deus e salvação dos homens. Por este motivo os leigos, como consagrados a Cristo e ungidos pelo Espírito Santo, têm uma vocação admirável e são dotados de capacidade para que o Espírito produza neles frutos sempre mais abundantes. Todas as suas obras, orações e iniciativas apostólicas, a vida familiar e conjugal, o trabalho cotidiano, o descanso do espírito e do corpo, se forem realizados no Espírito, e até mesmo as contrariedades da vida, se levadas com paciência, convertem-se em sacrifícios espirituais, agradáveis a Deus por Jesus Cristo (cf. 1Pd 2,5), que, na celebração da eucaristia, se oferecem piedosamente ao Pai, juntamente com a oblação do corpo do Senhor. Assim também os leigos, procedendo santamente em toda a parte como adoradores, consagram a Deus o próprio mundo.

Testemunho da vida

35. Cristo, o grande Profeta que, pelo testemunho da sua vida e pela força da sua palavra, proclamou o reino do Pai, cumpre o seu múnus profético até a plena manifestação da glória, não apenas por meio da hierarquia, que ensina em seu nome e com o seu poder, mas também por meio dos leigos, a quem nomeia suas testemunhas e a quem dá o sentido da fé e a graça da palavra (cf. At 2,17-18; Ap 19,10), para que façam brilhar a força do Evangelho na vida cotidiana, familiar e social. Eles apresentam-se como filhos da promessa, quando, fortes na fé e na esperança, aproveitam o tempo presente (cf. Ef 5,16: Cl 4,5) e com paciência esperam a glória futura (cf. Rm 8,25). Não escondam esta esperança no interior da alma, mas exprimam-na mesmo por meio das estruturas da vida social, por uma renovação contínua e pela luta "contra os dominadores deste mundo tenebroso e contra os espíritos do mal" (Ef 6,12).

Assim como os sacramentos da nova lei, nos quais se alimenta a vida e apostolado dos fiéis, prefiguram um novo céu e uma nova terra (Ap 21,1), assim também os leigos se tornam válidos arautos daquela fé dos bens esperados (cf. Hb 11,1), se unirem sem desfalecimentos, a uma vida segundo a fé, a profissão da mesma fé. Esta evangelização, anúncio de Cristo, feito pelo testemunho da vida e pela palavra, adquire um aspecto característico e uma eficácia particular pelo fato de se realizar nas condições ordinárias da vida no mundo.

Neste particular, tem grande importância aquele estado de vida que está santificado por um sacramento especial, isto é, a vida matrimonial e familiar. Nela se encontra um exercício e uma alta escola de apostolado dos leigos, quando a religião cristã penetra toda a organização da vida e cada dia a transforma para melhor. Nela os cônjuges têm a própria vocação para serem, um para o outro e para os filhos, testemunhas da fé e do amor de Cristo. A família cristã proclama em alta voz tanto as virtudes presentes do reino de Deus como a esperança da vida eterna. Assim o seu exemplo e o seu testemunho acusam o mundo de pecado e iluminam aqueles que procuram a verdade.

Por conseguinte, os leigos, ainda quando se entregam a tarefas temporais, podem e devem realizar uma ação preciosa para a evangelização do mundo. Se alguns suprem determinados ofícios sagrados na medida em que lhes é permitido — por falta de ministros próprios, ou por impedimento destes em caso de perseguição —, e se muitos deles consomem todas as suas forças no trabalho apostólico, é preciso que todos sem exceção cooperem para a dilatação e para o incremento do reino de Cristo no mundo. Por isso esforcem-se os leigos com diligência por conhecer mais profundamente a verdade revelada e peçam instantemente a Deus o dom da sabedoria.

Nas estruturas humanas

36. Cristo, tendo-se feito obediente até a morte, foi por isso mesmo exaltado pelo Pai (cf. Fl 2,8-9) e entrou na glória do seu reino; a ele estão submetidas todas as coisas, até que se sujeite a si mesmo e consigo sujeite toda a criação ao Pai, a fim de que Deus seja tudo em todos (cf. 1Cor 15,27-28). Poder este que Jesus Cristo comunicou aos discípulos para que, também eles, ficassem investidos num domínio livre, próprio de reis, e, pela abnegação de si mesmos e por uma vida santa, vencessem em si próprios o reino do pecado (cf. Rm 6,12); e mesmo para que, servindo a Cristo também nos outros, conduzissem pela humildade e paciência os seus irmãos àquele Rei a quem servir é reinar. Na verdade o Senhor deseja dilatar, também pela atividade dos fiéis leigos, o seu reino, reino de verdade e de vida, reino de santidade e de graça, reino de justiça, de amor e de paz;[4] neste reino também o mundo criado será liberto das cadeias da corrupção para entrar na liberdade da glória dos filhos de Deus (cf. Rm 8,21). Grande é pois a promessa, e grande o mandato que se dá aos discípulos: "Todas as coisas são vossas, mas vós sois de Cristo, e Cristo é de Deus" (1Cor 3,22-23).

Devem pois os fiéis reconhecer a natureza íntima de todas as criaturas, o seu valor e ordenação para a glória de Deus, e devem ajudar-se mutuamente a conseguir uma vida mais santa, mesmo por meio das atividades propriamente seculares, de modo que o mundo se impregne do espírito de Cristo e atinja o seu fim na justiça, na caridade e na paz. No desempenho deste dever de alcance universal, compete aos leigos a principal responsabilidade. Por intermédio da sua competência no domínio profano e por sua atividade, interiormente elevada pela graça de Cristo, procurem

---

[4] Do prefácio da festa de Cristo Rei.

contribuir eficazmente para que os bens criados se explorem em benefício de todos os homens; sejam melhor distribuídos segundo a ordenação do Criador e a iluminação do seu Verbo, mediante o trabalho humano, a técnica e a cultura civil; e contribuam, na medida que lhes é própria, para o progresso universal na liberdade humana e cristã. Assim Cristo iluminará cada vez mais, por meio dos membros da Igreja, toda a sociedade humana com a sua luz salutar.

Além disso, congreguem os leigos os seus esforços para sanar as estruturas e as condições do mundo, se acaso elas incitam ao pecado, de modo que tudo se conforme às normas da justiça e, longe de impedir, favoreça a prática das virtudes. Agindo desta maneira, impregnarão de valor moral a cultura e as atividades humanas. Também se preparará melhor, assim, o campo do mundo para a semente da palavra divina e, ao mesmo tempo, abrir-se-ão de par em par, à Igreja, as portas por onde há de entrar no mundo o anúncio da paz.

Para serem úteis à economia da salvação, aprendam diligentemente os fiéis a distinguir entre os direitos e as obrigações que lhes correspondem como membros da Igreja, e os que lhes competem como membros da sociedade civil. Procurem com diligência harmonizá-los uns com os outros, lembrando-se que em toda a ocupação temporal devem orientar-se sempre pela consciência cristã, pois nenhuma atividade humana, nem sequer na ordem temporal, pode subtrair-se ao império de Deus. Sobretudo no nosso tempo, é sumamente necessário que esta distinção e esta harmonia transpareçam com maior clareza na maneira de agir dos fiéis, a fim de que a missão da Igreja possa corresponder mais plenamente às condições particulares do mundo moderno. Porque, assim como deve reconhecer-se que a cidade terrena, por sua natureza entregue às preocupações temporais, se rege por princípios próprios, assim também se rejeita com toda a razão a doutrina falaz que pretende construir a sociedade, prescindindo absolutamente da religião, e ataca e destrói a liberdade religiosa dos cidadãos.[5]

Relações com a hierarquia

37. Os leigos, como todos os cristãos, têm o direito de receber abundantemente dos sagrados pastores os bens espirituais, sobretudo os auxílios da palavra de Deus e dos sacramentos;[6] manifestem-lhes, pois, as suas necessidades e os seus desejos, com a liberdade e confiança próprias de filhos de Deus e irmãos em

---

[5] Cf. Leão XIII, Epist. Enc. Immortale Dei, 1 nov. 1885: ASS 18 (1885), pp. 166ss. Idem, Carta Enc. Sapientiae christianae, 10 jan. 1890: AAS 22 (1889-90), pp. 397ss. Pio XII, Aloc. Alla vostra filiale, 23 mar. 1958: AAS 50: (1958), p. 220: "la legitima sana laicità dello Stato".

[6] Cod. Iur. Can., can. 682.

Cristo. Segundo a ciência, competência e prestígio que possuam, têm a faculdade, às vezes até o dever, de manifestar o seu parecer no que se refere ao bem da Igreja.[7] Faça-se isto, se for o caso, por meio de órgãos estabelecidos pela Igreja para isso, sempre com verdade, fortaleza e prudência, mostrando respeito e caridade para com aqueles que, por motivo do seu ofício sagrado, fazem as vezes de Cristo.

Os leigos, como aliás todos os fiéis, segundo o exemplo de Cristo — que pela sua obediência até a morte, abriu a todos os homens o caminho feliz da liberdade dos filhos de Deus —, procurem aceitar com prontidão e obediência cristã tudo o que os sagrados pastores, como representantes de Cristo, no exercício da sua função de mestres e governantes, estabelecerem na Igreja. Em suas orações não deixem de recomendar a Deus os superiores, que vigiam sobre as nossas almas como quem delas terá de prestar contas, para que eles cumpram o seu dever com alegria e sem angústia (cf. Hb 13,17).

Por sua parte, os sagrados pastores reconheçam e tornem efetivas a dignidade e a responsabilidade dos leigos na Igreja; aproveitem de bom grado o seu

---

[7] Cf. Pio XII, Aloc. De quelle consolation, l. cit., p. 789: "Dans les batailles décisives, c'est parfois du front que partent les plus heureuses initiatives...". IDEM, Aloc. L'importance de la presse catholique, 17 fev. 1950: AAS 42 (1950), p. 256.

conselho prudente, confiem-lhes serviços para o bem da Igreja, e deixem-lhes liberdade e campo de ação; animem-nos mesmo e empreender outras obras por iniciativa própria. Considerem atentamente, diante de Deus, com paternal afeto, as iniciativas, as propostas e os desejos manifestados pelos leigos.[8] Enfim, os pastores hão de reconhecer respeitosamente a justa liberdade que a todos compete na sociedade temporal.

Desta convivência familiar entre os leigos e os pastores muitas vantagens se devem esperar para a Igreja: na verdade, assim se robustece nos leigos o sentido da própria responsabilidade, se favorece o seu entusiasmo e mais facilmente se conjugam as suas forças com a operosidade dos pastores. Estes, por sua vez, ajudados pela experiência dos leigos, ficam com possibilidade de julgar com maior clareza e exatidão tanto em coisas espirituais como em temporais. E assim a Igreja, recebendo forças de todos os seus membros, realiza com maior eficácia a sua missão para a vida do mundo.

Como a alma no corpo

38. Cada um dos leigos deve ser, perante o mundo, testemunha da ressurreição e da vida do Senhor

---

[8] Cf. 1Ts 5,19 e 1Jo 4,1.

Jesus e sinal do Deus vivo. Todos juntos, cada um na medida das suas possibilidades, devem alimentar o mundo com frutos espirituais (cf. Gl 5,22), e devem infundir-lhe o espírito que é próprio dos pobres, dos mansos e dos pacíficos, daqueles que o Senhor no Evangelho proclamou bem-aventurados (cf. Mt 5,3-9). Numa palavra "o que a alma é no corpo, sejam-no os cristãos no mundo".[9]

---

[9] Epist. ad Diognetum, 6: ed. Funk, I, 400. Cf. são João Crisóstomo, In Mat. Hom. 46 (47), 2: PG 58, 478, sobre o fermento na massa.

CAPÍTULO V

VOCAÇÃO UNIVERSAL À SANTIDADE NA IGREJA

Chamamento à santidade

39. A santidade indefectível da Igreja, cujo mistério este sagrado Concílio expõe, é objeto da nossa fé. Na verdade, Cristo, Filho de Deus, que com o Pai e o Espírito Santo é proclamado "o único Santo",[1] amou a Igreja como sua esposa, entregando-se a si mesmo por ela a fim de a santificar (cf. Ef 5,25-26); uniu-a a si como seu corpo e enriqueceu-a com o dom do Espírito Santo, para a glória de Deus. Por isso, todos na Igreja, quer pertençam à hierarquia quer façam parte da grei, são chamados à santidade segundo a palavra do Apóstolo: "Esta é a vontade de Deus, a vossa santificação" (1Ts 4,3; cf. Ef 1,4). Esta santidade da Igreja manifesta-se incessantemente e deve manifestar-se nos frutos de graça que o Espírito Santo produz nos fiéis; exprime-se de muitas maneiras em todos aqueles que,

---

[1] Missal Romano, Gloria in excelsis. Cf. Lc 1,35; Mc 1,24; Lc 4,34; Jo 6,39 (ho hagios tou Theou); At 3,14; 4,27 e 30; Hb 7,26; 1Jo 2,20; Ap 3,7.

de harmonia com seu estado de vida, tendem à perfeição da caridade, edificando os outros, mas de modo particular, evidencia-se na prática dos conselhos que ordinariamente se chamam evangélicos. Esta prática dos conselhos que, por impulso do Espírito Santo, muitos cristãos abraçam, quer privadamente quer numa condição ou estado reconhecido pela Igreja, produz e convém que produza no mundo esplêndido testemunho e exemplo da mesma santidade.

Cristo, mestre e modelo de perfeição

40. O Senhor Jesus, mestre e modelo divino de toda a perfeição, pregou a todos e a cada um dos seus discípulos, de qualquer condição que fossem, a santidade de vida, de que ele próprio é autor e consumador: "Sede perfeitos, como é perfeito o vosso Pai celeste" (Mt 5,48).[2] Enviou a todos o Espírito Santo para os mover interiormente a amarem a Deus com todo o coração, com toda alma, com toda a mente e com todas as forças (cf. Mc 12,30) e a amarem-se uns aos outros como Cristo os amou (cf. Jo 13,34; 15,12). Os seguidores de Cristo, que Deus chamou e justificou no Senhor Jesus, não pelos méritos deles mas por seu desígnio e

---

[2] Cf. ORÍGENES, Comm. Rom. 7, 7: PG 14, 1122 B. Ps. MACÁRIO, De Oratione, 11: PG 34, 861 AB. SANTO TOMÁS, Summa Theol. II-II, q. 184, a. 3.

sua graça, foram feitos no batismo da fé verdadeiros filhos de Deus e participantes da natureza divina, e por isso mesmo verdadeiramente santos. Devem portanto, com a ajuda de Deus, conservar e aperfeiçoar na sua vida a santidade que receberam. O Apóstolo exorta-os a viverem "como convém a santos" (Ef 5,3), a revestirem-se — "como eleitos de Deus, santos e prediletos" — de sentimentos de misericórdia, de benignidade, de humildade, de mansidão e de paciência (Cl 3,12) e a fazerem servir os frutos do Espírito para a santificação (cf. Gl 5,22; Rm 6,22). Como, porém, cometemos todos muitas faltas (cf. Tg 3,2), temos contínua necessidade da misericórdia de Deus e devemos orar todos os dias: "perdoai-nos as nossas ofensas" (Mt 6,12).[3]

É, pois, bem claro que todos os fiéis, seja qual for o seu estado ou classe, são chamados à plenitude da vida cristã e à perfeição da caridade,[4] santidade esta que promove, mesmo na sociedade terrena, um teor de vida mais humano. Empreguem os fiéis as forças recebidas segundo a medida da dádiva de Cristo, para

---

[3] Cf. SANTO AGOSTINHO, Retract. II, 18: PL 32, 637ss. PIO XII, Carta Enc. Mystici Corporis, 29 jun. 1943: AAS 35 (1943), p. 225.

[4] Cf. PIO XI, Carta Enc. Rerum omnium, 26 jan. 1923: AAS 15 (1923), p. 50 e pp. 59-60. Carta Enc. Casti connubii, 31 dez. 1930: AAS 22 (1930), p. 548. PIO XII, Const. Apost. Provida Mater, 2 fev. 1947: AAS 39 (1947), p. 117. Aloc. Annus Sacer, 8 dez. 1950: AAS 43 (1951), pp. 27-28. Aloc. Nel darvi, 1 jul. 1956: AAS 48 (1956), pp. 574ss.

alcançar esta perfeição, a fim de que — seguindo os seus caminhos, tornando-se conformes à sua imagem e obedecendo em tudo a vontade do Pai — se entreguem plenamente a buscar a glória de Deus e a servir o próximo. Assim a santidade do Povo de Deus desdobrar-se-á em abundantes frutos, como o demonstra brilhantemente, mediante a história da Igreja, a vida de tantos santos.

A santidade nos diversos estados de vida

41. Uma mesma santidade é cultivada por todos aqueles que, nos vários gêneros de vida e nas diferentes profissões, são guiados pelo Espírito de Deus e, obedecendo à voz do Pai e adorando-o em espírito e verdade, seguem a Cristo pobre, humilde e carregado com a cruz, para merecerem participar da sua glória. Cada um, segundo os dons e as funções que lhe foram confiados, deve enveredar sem hesitação pelo caminho da fé viva, que excita a esperança e opera pela caridade.

Em primeiro lugar, devem os pastores da grei de Cristo — à imagem do sumo e eterno Sacerdote, pastor e bispo das nossas almas — desempenhar o seu ministério santamente e com entusiasmo, com humildade e fortaleza: assim encontrarão nele um magnífico meio de santificação própria. Os que foram escolhidos para a plenitude do sacerdócio recebem a graça sacramental para poderem exercer o ofício perfeito da sua caridade pastoral, com a oração, o sacrifício e a pregação, por meio de toda espécie de solicitude e serviço episcopal,[5] para que não temam dar a vida pelas suas ovelhas e ainda para que, fazendo-se modelo da sua grei (cf. 1Pd 5,3), levem a Igreja a uma santidade cada vez maior, com o seu exemplo.

Os presbíteros, à semelhança da ordem dos bispos de quem são a coroa espiritual,[6] e participando da graça ministerial deles mediante Cristo, eterno e único mediador, cresçam no amor de Deus e do próximo, pelo exercício cotidiano do seu dever, conservem o vínculo da comunhão sacerdotal, abundem em todo o bem espiritual e sejam para todos um testemunho vivo de Deus,[7] procurando imitar aqueles sacerdotes que, no decorrer dos séculos, deixaram, num ministério muitas vezes humilde e escondido, o maior exemplo de santidade. O seu louvor ressoa na Igreja de Deus. Rezando e oferecendo o sacrifício, como devem, pelos seus fiéis e por todo o povo de Deus, tomando consciência daquilo que fazem e imitando aquilo com que

---

[5] Cf. SANTO TOMÁS, Summa Theol. II-II, q. 184, a. 5 e 6. De perf. vitae spir., c. 18. ORÍGENES, In Is. Mom. 6, 1: PG 13, 239.
[6] Cf. SANTO INÁCIO M., Magn. 13, 1, ed. Funk, I, p. 240.
[7] Cf. SÃO PIO X, Exort Haerent animo, 4 ago. 1908: ASS 41 (1908), pp. 560ss. Cod. Iur. Can., can. 124. PIO XI, Carta Enc. Ad catholici sacerdotii, 20 dez. 1935: AAS 28 (1936), pp. 22ss.

contatam,[8] em vez de encontrarem obstáculos nos cuidados apostólicos, nos perigos e nos contratempos, sirvam-se deles para subir a maior santidade, alimentando e fomentando a sua atividade com a abundância de contemplação, para conforto de toda a Igreja de Deus. Todos os presbíteros, em especial aqueles que, por título particular da sua ordenação, chamamos sacerdotes diocesanos, recordem quanto aproveita à sua santificação, a união fiel e a generosa cooperação com o seu bispo.

Os ministros de ordem inferior participam também, de modo peculiar, da missão e da graça do Sumo Sacerdote, sobretudo os diáconos que, servindo nos mistérios de Cristo e da Igreja,[9] devem conservar-se puros de todos os vícios, agradar a Deus e procurar fazer todo o bem diante dos homens (cf. 1Tm 3,8-10 e 12–13). Os clérigos que, chamados pelo Senhor e segregados para o seu serviço, se preparam sob a vigilância dos pastores para os cargos de ministros, são obrigados a ajustar a sua mente e o seu coração a tão subida escolha, sendo assíduos na oração, fervorosos no amor, preocupados com tudo o que é verdadeiro, justo e de boa fama, fazendo tudo para glória e honra de Deus. Destes se aproximam aqueles leigos, esco-

---

[8] *Ordo consecrationis sacerdotalis*, na Exortação inicial.
[9] Cf. SANTO INÁCIO M., Trall. 2, 3: ed Funk, I, p. 244.

lhidos por Deus, que são chamados pelo bispo a dedicarem-se totalmente às lides apostólicas e trabalham na messe do Senhor com muitos frutos.[10]

É necessário que os cônjuges e os pais cristãos, seguindo o seu próprio caminho, ajudem-se mutuamente a conservar a graça no decorrer de toda a sua vida, numa grande fidelidade de amor, e que eduquem na doutrina cristã e nas virtudes evangélicas a prole que receberem amorosamente de Deus. Oferecem, assim, a todos o exemplo de um amor incansável e generoso, constroem a fraternidade da caridade, e apresentam-se como testemunhas e cooperadores da fecundidade da Mãe Igreja, como símbolo e participação do amor com que Cristo amou a sua esposa e por ela se entregou.[11] Exemplo semelhante, embora de outro modo, dão aqueles que, no estado de viuvez ou de celibato, podem contribuir não pouco para a santidade e para a ação da Igreja. Por seu lado, aqueles que vivem entregues a trabalhos muitas vezes duros, busquem a perfeição própria nesses trabalhos humanos, ajudem os seus concidadãos e fomentem o progresso da sociedade e do mundo; esforcem-se, além disso, por meio duma caridade industriosa, por imitar a Cristo que praticou

---

[10] Cf. Pio XII, Aloc. Sous la maternelle protection, 9 dez. 1957: AAS 50 (1958), p. 36.
[11] Pio XI, Carta Enc. Casti Connubii, 31 dez. 1930: AAS 22 (1930), pp. 548ss. Cf. SÃO JOÃO CRISÓSTOMO, In Ephes. Hom. 20, 2: PG 62, 136ss.

com as suas mãos o trabalho, e continua a trabalhar com o Pai na salvação de todos; sejam alegres na esperança, levem uns os fardos dos outros, sirvam-se enfim da sua fadiga cotidiana para subir a maior santidade, mesmo apostólica.

Saibam que estão unidos de modo especial a Cristo, em suas dores pela salvação do mundo, aqueles que vivem oprimidos na pobreza, na fraqueza, na doença e noutras tribulações, ou os que sofrem perseguições por amor da justiça — todos esses, a quem o Senhor no Evangelho proclamou bem-aventurados, e "o Deus de toda a graça, que nos chamou para sua eterna glória em Cristo Jesus, depois de terem sofrido um pouco, há de aperfeiçoar e tornar firmes e inabaláveis" (1Pd 5,10).

Por conseguinte, todos os fiéis santificar-se-ão dia a dia, sempre mais, nas diversas condições da sua vida, nas suas ocupações e circunstâncias, e precisamente mediante todas estas coisas, desde que as recebam com fé, das mãos do Pai celeste, e cooperem com a vontade divina, manifestando a todos, no próprio serviço temporal, a caridade com que Deus amou o mundo.

Os conselhos evangélicos

42. "Deus é caridade e aquele que permanece na caridade permanece em Deus e Deus nele" (1Jo 4,16).

Deus difundiu a sua caridade nos nossos corações por meio do Espírito Santo que nos foi dado (cf. Rm 5,5); por isso, o dom principal e mais necessário é a caridade, pela qual amamos a Deus sobre todas as coisas e ao próximo por causa dele. Mas, para a caridade crescer e frutificar na alma como boa semente, cada fiel deve ouvir de bom grado a palavra de Deus e cumprir nas obras a sua vontade; deve freqüentemente, com o auxílio da sua graça, se aproximar dos sacramentos sobretudo da eucaristia, e tomar parte nos atos de culto; deve aplicar-se constantemente à oração, à abnegação de si mesmo e ao serviço dedicado dos seus irmãos; e deve ainda se dar e entregar-se ao exercício constante de todas as virtudes. Porque a caridade, sendo como é o vínculo da perfeição e a plenitude da lei (cf. Cl 3,14; Rm 13,10), comanda todos os meios de santificação, dá-lhes forma e os conduz à perfeição.[12] Daí que seja a caridade, para com Deus e para com o próximo, o sinal do verdadeiro discípulo de Cristo.

Como Jesus, Filho de Deus, manifestou a sua caridade, entregando a vida por nós, ninguém tem amor maior que aquele que dá a sua vida por ele e pelos seus irmãos (cf. 1Jo 3,16; Jo 15,13). A dar este testemunho máximo de amor diante de todos, principal-

---

[12] Cf. santo Agostinho, Enchir. 121, 32: PL 40, 288. Santo Tomás, Summa Theol., II-II, q. 184, a. 1. Pio XII, Exort. Menti nostrae, 23 set. 1950: AAS 42 (1950), p. 660.

mente diante dos perseguidores, foram chamados alguns cristãos já desde os primeiros tempos, e outros continuarão a sê-lo sempre. É por isso que o martírio, pelo qual o discípulo se assemelha ao Mestre que aceitou livremente a morte pela salvação do mundo, e a ele se conforma na efusão do sangue, é considerado pela Igreja como doação insigne e prova suprema da caridade. Se poucos o chegam a sofrer, todos devem estar prontos a confessar Cristo diante dos homens e a segui-lo pelo caminho da cruz, no meio das perseguições que nunca faltam à Igreja.

Fomentam também a santidade da Igreja, de modo especial, os muitos conselhos cuja observância o Senhor propõe aos seus discípulos no Evangelho.[13] Entre eles sobressai o dom precioso da graça divina, que o Pai concede a alguns (cf. Mt 19,11: 1Cor 7,7), para os levar com maior facilidade a consagrarem-se inteiramente a Deus na virgindade ou no celibato, sem repartirem o coração (cf. 1Cor 7,32-34).[14] Esta continência perfeita por causa do reino dos céus sempre foi tida pela Igreja em singular estima, como sinal da

---

[13] Sobre os conselhos em geral, cf. ORÍGENES, Comm. Rom. X, 14: PG 14, 1275 B. SANTO AGOSTINHO, De Virginitate 15, 15: PL 40, 403. SANTO TOMÁS, Summa Theol. I-II, q. 100, a. 2 C (no fim); II-II, q. 44, a. 4, ad 3.

[14] Sobre a excelência da sagrada virgindade, cf.TERTULIANO, Exhort. Cast. 10: PL 2, 925 C. SÃO CIPRIANO, Hab. Virg. 3 e 22: PL 4, 443 B e 461 A ss. SANTO ATANÁSIO, De Virg.: PG 28, 252ss; SÃO JOÃO CRISÓSTOMO, De Virg.: PG 48, 533ss.

caridade, e como fonte peculiar de fecundidade espiritual no mundo.

A Igreja também recorda a advertência do Apóstolo que, animando os fiéis à caridade, os exorta a terem os mesmos sentimentos que havia em Cristo Jesus, ele que "se despojou a si próprio, tomando a condição de escravo [...] feito obediente até a morte" (Fl 2,7-8), e por causa de nós "se fez pobre, ele que era rico" (2Cor 8,9). E porque os discípulos devem imitar e testemunhar sempre a caridade e a humildade de Cristo, a Mãe Igreja rejubila por encontrar no seu seio muitos homens e mulheres que seguem mais de perto a aniquilação do Salvador e a manifestam mais claramente, abraçando a pobreza, com a liberdade dos filhos de Deus, e renunciando à sua vontade própria: por amor de Deus, submetem-se ao homem em matéria de perfeição, indo mais além do que está preceituado — querem conformar-se mais plenamente com Cristo obediente.[15]

Assim, todos os fiéis são convidados e obrigados a tender para a santidade e perfeição do estado próprio. Cuidem, por isso, todos, de orientar retamente os seus afetos, não vá o uso das coisas mundanas e o

---

[15] Sobre a pobreza espiritual, cf. Mt 5,3 e 19,21; Mc 10,21; Lc 18,22, a respeito da obediência mostra-se o exemplo de Cristo, Jo 4,34 e 6,38; Fl 2,8-10; Hb 10,5-7.

apego às riquezas, contrário ao espírito de pobreza evangélica, impedi-los de alcançarem a caridade perfeita; já advertia o Apóstolo: "Os que se servem deste mundo, não se detenham nele, pois os atrativos do mundo passam" (cf. 1Cor 7,31, grego).[16]

---

[16] Sobre a prática efetiva dos conselhos que não se impõe a todos, cf. são João Crisóstomo, In Mat. Hom. 7, 7: PG 57, 81ss. Santo Ambrósio, de Viduis, 4, 23: PL 16, 241ss.

CAPÍTULO VI

OS RELIGIOSOS

Castidade, pobreza, obediência

43. Os conselhos evangélicos de castidade consagrada a Deus, de pobreza e obediência, que se fundamentam nas palavras e nos exemplos do Senhor, e foram recomendados pelos apóstolos, pelos santos padres e pelos doutores e pastores da Igreja, são um dom divino que a Igreja recebeu do Senhor e com sua graça conserva perpetuamente. A autoridade da Igreja, sob a direção do Espírito Santo, cuidou de interpretar esses conselhos, regular a sua prática e determinar mesmo formas estáveis de os viver. Daí resultou que — à maneira duma árvore que se ramifica admirável e frondosa no campo do Senhor, a partir duma semente lançada por Deus — se foram desenvolvendo várias formas de vida eremítica ou vida em comum e várias famílias religiosas, que de modo notável contribuem tanto para o aperfeiçoamento dos seus membros como para o bem de todo o corpo de Cristo.[1] Essas famílias garantem de fato aos seus membros

---

[1] Cf. ROSWEYDUS, Vitae Patrum, Antuérpia, 1628. Apophtegmata Patrum: PG 65. PALÁDIO, História Lausíaca; PG 34, 995ss.; ed. C. Butler, Cambridge, 1898

vantagens especiais: maior estabilidade no teor de vida, doutrina espiritual aprovada, comunhão fraterna na milícia de Cristo e liberdade fortalecida pela obediência. Deste modo, podem eles viver com segurança e manter com fidelidade a sua profissão religiosa, progredindo no caminho da caridade com espírito alegre.[2]

Tal estado, no plano divino e hierárquico da Igreja, não é estado intermédio entre a condição clerical e a laical: mas duma e doutra chama Deus alguns fiéis a usufruírem este dom especial na vida da Igreja e a ajudarem-na, cada um a seu modo, no desempenho da sua missão salvífica.[3]

Sinal especial

44. Por meio dos votos, ou de outros vínculos sagrados, por sua natureza equiparados aos votos, o cristão obriga-se à prática dos três conselhos evangélicos referidos, entrega-se totalmente a Deus, amado acima de tudo, ficando assim destinado, por título especial e novo, ao serviço e glória de Deus. É certo que, pelo batismo, o cristão já morreu para o pecado e

---

(1904). Pio XI, Const. Apost. e Umbratilem, 8 jul. 1924: AAS 16 (1924), pp. 386-387. Pio XII, Aloc. Nous sommes heureux, 11 abr. 1958: AAS 50 (1958), p. 283.
[2] Paulo VI, Aloc. Magno gaudio, 23 maio 1964: AAS 56 (1964), p. 566.
[3] Cf. Cod. Iur. Can., c. 487 e 488, 4º. Pio XII, Aloc. Annus sacer, 8 dez. 1950: AAS 43 (1951), pp. 27ss. Pio XII, Const. Apost. Provida Mater, 2 fev. 1947: AAS 39 (1947), pp. 120ss.

ficou consagrado a Deus; mas, para conseguir fruto mais abundante da graça batismal, procura, pela profissão dos conselhos evangélicos na Igreja, libertar-se dos impedimentos que o poderiam afastar do fervor da caridade e da perfeição do culto divino, e consagra-se mais intimamente ao serviço de Deus.[4] Esta consagração será tanto mais perfeita quanto melhor representar, com vínculos mais firmes e estáveis, a união indissolúvel de Cristo com a Igreja, sua esposa.

Uma vez que pelos conselhos evangélicos, mediante a caridade a que levam,[5] consegue-se união especial à Igreja e ao seu mistério, importa que também a vida espiritual dos que os seguem se consagre ao bem da Igreja. Daí nasce o dever de trabalharem — com todas as forças, mas segundo a forma da vocação própria, pela oração e também pela atividade apostólica — por implantar e robustecer o reino de Cristo nas almas e por dilatá-lo a todo o mundo. Eis uma das razões pelas quais a Igreja defende e favorece a índole própria dos vários institutos religiosos.

A profissão dos conselhos evangélicos aparece, na verdade, como sinal, que pode e deve atrair eficazmente todos os membros da Igreja a cumprirem com

---

[4] PAULO VI, l. cit., p. 567.
[5] Cf. SANTO TOMÁS, Summa Theol. II-II, q. 184, a. 3 e q. 188, a. 2. SÃO BOAVENTURA, Opúsc. XI, Apologia Pauperum, c. 3, 3: ed. Opera, Quaracchi, t. 8, 1898, p. 245 a.

diligência os deveres da vocação cristã. Precisamente porque o povo de Deus não tem aqui a sua cidade permanente, mas procura a futura, o estado religioso, que deixa os seus membros mais livres das preocupações terrenas, manifesta melhor a todos os crentes os bens celestes já presentes neste mundo, testemunha a vida nova e eterna, adquirida pela redenção de Cristo, e prenuncia a ressurreição futura e a glória do reino celestial. Este mesmo estado imita ainda mais de perto e renova perpetuamente na Igreja aquela forma de vida que o Filho de Deus, ao vir ao mundo, assumiu para cumprir a vontade do Pai, e propôs aos discípulos que o seguiam. Finalmente, mostra de modo particular a elevação do reino de Deus acima de tudo o que é terreno, manifesta as maiores exigências que impõe e faz ver a todos os homens a maravilhosa eficácia de Cristo que reina, e o poder infinito do Espírito Santo que opera maravilhas na Igreja.

Portanto, este estado, cuja essência consiste na profissão dos conselhos evangélicos, embora não faça parte da estrutura hierárquica da Igreja, pertence, de modo indiscutível, à sua vida e à sua santidade.

Regras e constituições

45. Sendo função da hierarquia eclesiástica apascentar o povo de Deus e levá-lo a abundantes pastagens (cf. Ez 34,14), a ela incumbe também regular, com sábias leis, a prática dos conselhos evangélicos, que promovem de modo particular a perfeição da caridade para com Deus e para com o próximo.[6] A mesma hierarquia, seguindo com docilidade os impulsos do Espírito Santo, aceita as regras propostas por homens e mulheres ilustres e, depois de revistas, aprova-as autenticamente, e com sua autoridade vigia e protege os institutos eretos por toda a parte para edificação do corpo de Cristo, a fim de que aumentem e floresçam segundo o espírito dos vários fundadores.

Para melhor providenciar às necessidades de toda a grei do Senhor, pode o Sumo Pontífice, em virtude do seu primado sobre a Igreja universal e para utilidade comum, isentar da jurisdição dos ordinários do lugar, e sujeitar diretamente à sua autoridade, qualquer instituto de perfeição e cada um dos seus membros.[7] Estes podem igualmente ser deixados ou confiados à autoridade patriarcal própria. Os membros de todos estes institutos, no cumprimento dos deveres para com a Igreja, segundo a sua forma peculiar de vida, devem

---

[6] Cf. CONC. VAT. I, Esquema De Ecclesia Christi, cap. XV e anot. 48: MANSI, 51, 549ss. e 619ss. LEÃO XIII, Epist. Au milieu des consolations, 23 dez. 1900: ASS 33 (1900-01), p. 361. PIO XII, Const. Apost. Provida Mater, 1. cit., pp. 114ss.

[7] LEÃO XIII, Const. Romanos Pontifices, 8 maio 1881: ASS 13 (1880-81), p. 483. PIO XII, Aloc. Annus sacer. 8 dez. 1950: AAS 43 (1951), pp. 28ss.

prestar reverência e obediência aos bispos, de harmonia com as leis canônicas, em virtude da autoridade pastoral que eles têm nas Igrejas particulares e para se manter a concórdia e unidade necessárias na ação apostólica.[8]

A Igreja, com a sua aprovação, não só eleva à dignidade de estado canônico a profissão religiosa, mas também a apresenta, mesmo na sua ação litúrgica, como estado consagrado a Deus. Com efeito, a própria Igreja, com a autoridade que Deus lhe comunicou, recebe os votos dos professos, obtém-lhes o auxílio e a graça divina com a sua oração pública, recomenda-os a Deus e dá-lhes uma bênção espiritual, associando a oblação deles ao sacrifício eucarístico.

Purificação da alma

46. Esforcem-se muito os religiosos para que a Igreja possa, por meio deles, apresentar Cristo, cada vez com maior clareza, quer aos fiéis quer aos infiéis: tanto Cristo entregue à contemplação no monte, como evangelizando o reino de Deus às multidões; curando os enfermos e os feridos, convertendo os pecadores;

---

[8] Pio XII, Aloc. Annus sacer, l. cit. p. 28. Pio XII, Const. Apost. Sedes Sapientiae, 31 maio 1956: AAS 48 (1956), p. 355. Paulo VI, l. cit. pp. 570-571.

ou ainda a abençoar as criancinhas e a fazer bem a todos, obediente em cada atitude à vontade do Pai que o enviou.[9]

Convençam-se todos de que a profissão dos conselhos evangélicos, embora implique a renúncia a bens dignos sem dúvida de grande estima, não obsta contudo ao verdadeiro desenvolvimento da pessoa humana, antes, pelo contrário, por sua própria natureza o favorece imenso. Na verdade, os conselhos evangélicos abraçados voluntariamente, segundo a vocação pessoal de cada um, contribuem imenso para a purificação do coração e para a liberdade do espírito, excitam continuamente o fervor da caridade e, sobretudo, como se comprova com o exemplo de tantos santos fundadores, podem aproximar mais o povo cristão do gênero de vida virginal e pobre, que para si escolheu Cristo Senhor Nosso e que a Virgem sua Mãe abraçou. Nem se julgue que os religiosos, pela sua consagração, alheiam-se dos homens ou se tornam inúteis à sociedade terrestre. Pois, embora algumas vezes não se ocupem diretamente dos seus contemporâneos, têm-nos presentes de modo mais profundo nas entranhas de Cristo e colaboram espiritualmente com eles a fim de que a edificação da cidade terrena se alicerce sempre

---

[9] Cf. Pio XII, Cart. Enc. Mystici Corporis, 29 jun. 1943: AAS 35 (1943), pp. 214ss.

no Senhor e para ele se oriente, de modo a não trabalharem em vão os que a edificam.[10]

Enfim, este sagrado Concílio encoraja e louva esses homens e mulheres, religiosos e religiosas, que, nos mosteiros ou nas escolas e hospitais ou ainda nas missões, honram a esposa de Cristo pela fidelidade constante e humilde à sua consagração, e prestam a todos os homens generosos e variadíssimos serviços.

Perseverança

47. Esforce-se cuidadosamente todo aquele que foi chamado à profissão dos conselhos evangélicos, por perseverar e se distinguir na vocação a que foi chamado por Deus, para maior santidade da Igreja e maior glória da Trindade, una e indivisa, que, em Cristo e por Cristo, é a fonte e origem de toda a santidade.

---

[10] Cf. Pio XII, Aloc. Annus sacer. 1. cit. p. 30. Aloc. Sous la maternelle protection, 9 dez. 1957: AAS 50 (1958), pp. 39ss.

CAPÍTULO VII

ÍNDOLE ESCATOLÓGICA DA IGREJA PEREGRINA E SUA UNIÃO COM A IGREJA CELESTE

Índole escatológica da nossa vocação na Igreja

48. A Igreja, à qual somos todos chamados em Jesus Cristo e na qual pela graça de Deus adquirimos a santidade, só será consumada na glória celeste quando chegar o tempo da restauração de todas as coisas (At 3,21); e, como o gênero humano, também o mundo inteiro, que está unido intimamente ao homem e por ele atinge o seu fim, será totalmente renovado em Cristo (cf. Ef 1,10; Cl 1,20; 2Pd 3,10-13).

Quando foi levantado da terra, Cristo atraiu a si todos os homens (cf. Jo 12,32, grego); ressuscitado de entre os mortos (cf. Rm 6,9), enviou sobre os apóstolos o seu Espírito vivificador e, por meio dele, constituiu o seu corpo, que é a Igreja, como sacramento universal de salvação; sentado à direita do Pai, atua continuamente no mundo para conduzir os homens à

Igreja e por ela os unir mais estreitamente a si, e para, alimentando-os com o próprio corpo e sangue, os tornar participantes de sua vida gloriosa. A prometida restauração, que esperamos, começou já em Cristo, foi impulsionada com a vinda do Espírito Santo e continua por meio dele na Igreja — que nos faz descobrir na fé o sentido da própria vida temporal —, à medida que vamos realizando, com esperança nos bens futuros, a obra que o Pai nos confiou no mundo, e vamos operando a nossa salvação (cf. Fl 2,12).

Já chegamos, portanto, ao fim dos tempos (cf. 1Cor 10,11), a renovação do mundo está irrevogavelmente decretada e vai-se realizando de certo modo já neste mundo: de fato, a Igreja possui já na terra uma santidade verdadeira, embora imperfeita. Até que haja céus novos e nova terra, em que habite a justiça (cf. 2Pd 3,13), a Igreja peregrina leva consigo — nos seus sacramentos e nas suas instituições, que pertencem à idade presente — a figura deste mundo que passa. Vive entre as criaturas, que gemem e sofrem as dores do parto até agora, suspirando pela manifestação dos filhos de Deus (cf. Rm 8,19-22).

Unidos, pois, a Cristo, na Igreja, e marcados pelo selo do Espírito Santo, "que é o penhor da nossa herança" (Ef 1,14), chamamo-nos e na realidade somos filhos de Deus (cf. 1Jo 3,11), mas não aparecemos ainda com Cristo na glória (Cl 3,4), na qual seremos semelhantes a Deus, porque o veremos tal como ele é (cf. 1Jo 3,2). Assim "enquanto habitamos no corpo, vivemos no exílio longe do Senhor" (2Cor 5,6) e, apesar de possuirmos as primícias do Espírito, gememos dentro de nós (cf. Rm 8,23) e suspiramos por estar com Cristo (cf. Fl 1,23). Este mesmo amor nos impele a vivermos mais intensamente para aquele que por nós morreu e ressuscitou (cf. 2Cor 5,15). Por isso, empenhamos-nos em agradar em tudo ao Senhor (cf. 2Cor 5,9) e nos revestimos da armadura de Deus, para podermos estar firmes contra as maquinações do demônio e resistir no dia mau (cf. Ef 6,11-13). Mas como não sabemos o dia nem a hora, devemos vigiar constantemente, segundo a recomendação do Senhor, para, ao terminar a nossa única passagem por esta vida terrena (cf. Hb 9,27), merecermos entrar com ele no banquete nupcial, sermos contados entre os benditos do seu pai (cf. Mt 25,31-46) e não sermos repelidos como servos maus e indolentes (cf. Mt 25,16), para o fogo eterno (cf. Mt 25,41), para as trevas exteriores onde "haverá choro e ranger de dentes" (Mt 22,13 e 25,30). Pois, antes de reinarmos com Cristo glorioso, compareceremos todos "perante o tribunal de Cristo, a fim de cada um ser remunerado pelas obras da vida corporal, consoante houver praticado o bem ou o mal" (2Cor 5,10); e no fim do mundo "aqueles que tiverem feito boas obras ressuscitarão para a vida e os que tiverem praticado o mal hão de ressuscitar para a condenação"

(Jo 5,29; cf. Mt 25,46). Tendo por certo que "os sofrimentos do tempo presente não têm proporção com a glória que há de revelar-se em nós" (Rm 8,18; cf. 2Tm 2,11-12), esperamos com fé firme o cumprimento da "feliz esperança da aparição gloriosa do grande Deus e Salvador, nosso Senhor Jesus Cristo" (Tt 2,13), "o qual transformará o nosso corpo de miséria, tornando-o semelhante ao seu corpo glorioso" (Fl 3,21) e virá "para ser glorificado nos seus santos e admirado em todos os que tiverem acreditado" (2Ts 1,10).

A comunhão da Igreja celeste com a Igreja peregrina

49. Até que o Senhor venha na sua majestade, e todos os anjos com ele (cf. Mt 25,31), e até que lhe sejam submetidas, com a destruição da morte, todas as coisas (cf. 1Cor 15,26-27), alguns dos seus discípulos peregrinam na terra, outros, já passados desta vida, estão se purificando, e outros vivem já glorificados, contemplando "claramente o próprio Deus, uno e trino, tal qual é";[1] todos, porém, ainda que em grau e de modo diversos, comungamos na mesma caridade para com Deus e para com o próximo, e cantamos o mesmo hino de glória ao nosso Deus. Pois, todos os que

---

[1] CONC. FLORENTINO, Decretum pro Graecis: DENZ. 693 (1305).

são de Cristo, tendo o seu Espírito, formam uma só Igreja e nele estão unidos entre si (cf. Ef 4,16). Por isso, a união dos que estão na terra com os irmãos que adormeceram na paz de Cristo de maneira nenhuma se interrompe; pelo contrário, segundo a fé constante da Igreja, reforça-se pela comunicação dos bens espirituais.[2] Em virtude da sua união mais íntima com Cristo, os bem-aventurados confirmam mais solidamente toda a Igreja na santidade, enobrecem o culto que ela presta a Deus na terra e muito contribuem para que ela se edifique em maior amplitude (cf. 1Cor 12,12-27).[3] Porque foram já recebidos na pátria e estão na presença do Senhor (cf. 2Cor 5,8) — por ele, com ele e nele —, não cessam de interceder em nosso favor junto do Pai,[4] apresentando os méritos que — por meio do único Mediador entre Deus e os homens, Cristo Jesus (cf. 1Tm 2,5) — adquiriram na terra, servindo ao senhor em todas as coisas e completando na sua carne o que falta à paixão de Cristo em benefício

---

[2] Além dos documentos mais antigos contra qualquer forma de evocação dos espíritos desde Alexandre IV (27 de set. 1258), cf. Enc. do S. Ofício, De magnetismi abusu, 4 ago. 1856: AAS (1865), pp. 177-178, Denz. 1653-1654 (2823-2825); a resposta do S. Ofício, 24 abr. 1917: AAS 9 (1917), p. 268, Denz. 2182 (3642).

[3] Veja-se uma exposição sintética desta doutrina paulina em: Pio XII, Cart. Enc. Mystici Corporis: AAS 35 (1943), p. 200 e passim.

[4] Cf. santo Agostinho, Enarr. in Ps. 85, 24: PL 37, 1099. São Jerónimo, Liber contra Vigilantium, 6: PL 23, 344. Santo Tomás, In 4m Sent., d. 45, p. 3. a. 2. São Boaventura, In 4m Sent. d. 45 a. 3, q. 2 etc.

do seu corpo que é a Igreja (cf. Cl 1,24).[5] Na verdade, a solicitude fraterna dos bem-aventurados ajuda imenso a nossa fraqueza.

Relações da Igreja peregrina com a Igreja celeste

50. Tendo perfeito conhecimento desta comunhão de todo o corpo místico de Jesus Cristo, a Igreja terrestre, desde os primeiros tempos do cristianismo, venerou com grande piedade a memória dos defuntos,[6] ofereceu também sufrágios por eles, porque "é santo e salutar o pensamento de orar pelos defuntos para serem libertos dos seus pecados" (2Mc 12,46). Contudo os apóstolos e os mártires de Cristo, que deram com a efusão do próprio sangue o maior testemunho de fé e de amor, sempre a Igreja acreditou que nos estão mais estreitamente unidos em Cristo; a eles, e também à bem-aventurada Virgem Maria e aos santos anjos, venerou de modo especial[7] e implorou devotamente o auxílio da sua intercessão. Cedo tomaram também lugar, na veneração e nas preces, aqueles que imitaram mais de perto a virgindade e a pobreza de

---

[5] Cf. Pio XII, Cart. Enc. Mystici Corporis: AAS 35 (1943), p. 245.
[6] Cf. muitas inscrições nas catacumbas romanas.
[7] Cf. Gelásio I, Decretal De libris recipiendis, 3: PL 59, 160; Denz. 165 (353).

Cristo,[8] e finalmente todos os outros que se tornaram recomendados à pia devoção e imitação dos fiéis[9] pelo exercício das virtudes cristãs e pelos divinos carismas.[10]

Ao contemplarmos a vida de quantos seguiram fielmente a Cristo, novo motivo nos impele a procurarmos a cidade futura (cf. Hb 13,14 e 11,10); ao mesmo tempo, aprendemos a descobrir, no estado e condição de cada um, qual é o caminho mais seguro para chegarmos, por entre as vicissitudes deste mundo, até à união perfeita com Cristo, quer dizer, à santidade.[11] Deus manifesta de forma viva aos homens a sua presença e o seu rosto na vida daqueles que, possuindo embora uma natureza igual à nossa, se transformam mais perfeitamente na imagem de Cristo (cf. 2Cor 3,18). Neles é Deus quem nos fala e nos mostra um sinal do seu reino,[12] para o qual somos fortemente atraídos, ao vermos tão grande nuvem de testemunhas que nos envolve (cf. Hb 12,1), e tais provas da verdade do Evangelho.

---

[8] Cf. SÃO METÓDIO, Symposion, VII, 3: GOS (Bonwetsch), p. 74.
[9] Cf. PIO XII, Cart. Enc. Mediator Dei: AAS 39 (1947), p. 581.
[10] Cf. BENTO XV, Decretum approbationis virtutum in Causa beatificationis et canonizationis Servi Dei Ioannis Nepomuceni Neummann: AAS 14 (1922), p. 23; várias aloc. de Pio XI Inviti all'eroismo, Discorsi, t. I-III, Roma 1941-1942 passim; PIO XII, Discorsi e Radiomessaggi t. 10, 1949, pp. 37-43.
[11] Cf. Hb 13,17; Eclo 44-50; Hb 11,3-40. Cf. também PIO XII, Cart. Enc. Mediator Dei: AAS 39 (1947), pp. 582-583.
[12] Cf. CONC. VAT. I, Const. De fide catholica, cap. 3: DENZ. 1794 (3013).

Não veneramos, porém, a memória dos santos apenas pelo exemplo que nos dão; fazemo-lo mais ainda para que a união de toda a Igreja no Espírito se consolide pelo exercício da caridade fraterna (cf. Ef 4,16). Pois, do mesmo modo que a comunhão cristã, entre os que peregrinamos neste mundo, coloca-nos mais perto de Cristo, assim também a familiaridade com os santos nos une com Cristo, de quem promana, como de fonte e cabeça, toda a graça e a própria vida do povo de Deus.[13] Muito convém, portanto, que amemos estes amigos e co-herdeiros de Jesus Cristo — também irmãos nossos e benfeitores insignes — que demos as devidas graças a Deus por no-los ter dado,[14] "que os invoquemos humildemente e que recorramos às suas orações, à sua intercessão e ao seu auxílio para impetrarmos de Deus as graças necessárias, por meio de seu Filho Jesus Cristo Nosso Senhor, único Redentor e Salvador nosso".[15] Na verdade, todo o amor autêntico que manifestamos aos bem-aventurados dirige-se por sua natureza a Cristo e termina nele, "coroa de todos os santos",[16] e, por ele, termina em Deus que é admirável nos seus santos e neles se glorifica.[17]

---

[13] Cf. Pio XII, Cart. Enc. Mystici Corporis: AAS 35 (1943), p. 216.
[14] Quanto à gratidão para com os santos, cf. E. Diehl, Inscriptionis latinae christianae veteres, I, Berlim, 1925, nn. 2008, 2382 e passim.
[15] Conc. Tridentino, Sess. 25, De invocatione... sanctorum: Denz. 984 (1821).
[16] Breviário Romano, Invitatório na festa de Todos os Santos.
[17] Cf., v.g., 2Ts 1,10.

Vivemos de maneira eminente a nossa união com a Igreja celeste, especialmente quando na sagrada liturgia — na qual a virtude do Espírito Santo age sobre nós mediante os sinais sacramentais — celebramos juntos, em fraterna alegria, os louvores da majestade divina,[18] e quando todos os resgatados pelo sangue de Cristo — de todas as línguas e povos e nações (cf. Ap 5,9) —, reunidos numa única Igreja, glorificamos o Deus uno e trino com o mesmo cântico de louvor. É ao celebrarmos o sacrifício eucarístico que mais unidos estamos ao culto da Igreja celeste, numa só comunhão com ela e venerando em primeiro lugar a memória da gloriosa sempre Virgem Maria, de são José, dos apóstolos e mártires, e de todos os santos.[19]

Disposições pastorais

51. Este sagrado Concílio abraça com grande piedade a fé tão veneranda dos nossos antepassados acerca da comunhão vital com os irmãos que já se encontram na glória celeste ou estão ainda a purificar-se após a morte, e propõe novamente os Decretos dos Sagrados Concílios de Nicéia II,[20] de Florença[21] e de

---

[18] Conc. Vat. II, Const. De Sacra Liturgia, cap. 5, n. 104.
[19] Cânon da missa romana.
[20] Conc. Niceno II, Act. VII: Denz. 302 (600).
[21] Conc. Florentino, Decretum pro Graecis: Denz. 693 (1304).

Trento.[22] Ao mesmo tempo exorta com pastoral solicitude todos aqueles a quem isto possa dizer respeito, a que tratem de suprimir ou corrigir quaisquer abusos, excessos ou defeitos que se tenham acaso introduzido, e a que tudo restabeleçam ordenadamente para maior louvor de Cristo e de Deus. Ensinem, pois, aos fiéis que o verdadeiro culto dos santos não consiste tanto na multiplicidade dos atos exteriores, como principalmente na intensidade do nosso amor prático, que nos leva a procurarmos, para maior bem nosso e da Igreja, "na vida deles o exemplo, na sua intimidade a união, e na sua intercessão o auxílio".[23] Por outro lado, expliquem aos fiéis que o nosso culto aos santos, se for bem entendido à luz da fé, de modo nenhum prejudica o culto latrêutico prestado a Deus-Pai por Jesus Cristo no Espírito, antes o vem enriquecer mais ainda.[24]

Todos, com efeito, quantos somos filhos de Deus e constituímos em Cristo uma só família (cf. Hb 3,6), ao unirmo-nos em mútua caridade e louvor uníssono à Trindade Santíssima, realizamos a vocação própria da

---

[22] CONC. TRIDENTINO, Sess. 25, De invocatione, veneratione et reliquiis santorum et sacris imaginibus: DENZ. 984-988 (1821-1824); Sess. 25, Decretum de Purgatorio; DENZ. 983 (1820). Sess. 6, Decretum de iustificatione, can. 30: DENZ. 840 (1580).

[23] Do Prefácio concedido a algumas dioceses.

[24] Cf. SÃO PEDRO CANÍSIO, Catechismus Maior seu Summa Doctrinae christianae, cap. III (ed. crit. F. Streicher), Pars I, pp. 15-16, n. 44, e pp. 100-101, n. 49.

Igreja e participamos, com gozo antecipado, na liturgia da glória consumada.[25] Quando Cristo aparecer, e se der a ressurreição gloriosa dos mortos, o esplendor de Deus iluminará a Cidade celeste e a sua luz será o cordeiro (cf. Ap 21,24). Então toda a Igreja dos santos, na felicidade suprema do amor, adorará a Deus e ao "cordeiro que foi imolado" (Ap 5,12), proclamando a uma só voz: "Àquele que está sentado no trono e ao cordeiro, louvor, honra, glória e poder pelos séculos dos séculos" (Ap 5,13-14).

---

[25] Cf. CONC. VAT. II, Const. De Sacra Liturgia. cap. 1, n. 8.

CAPÍTULO VIII

A BEM-AVENTURADA VIRGEM MARIA, MÃE DE DEUS, NO MISTÉRIO DE CRISTO E DA IGREJA

I. Proêmio

A SANTÍSSIMA VIRGEM NO MISTÉRIO DE CRISTO

52. Querendo Deus, sumamente benigno e sábio, realizar a redenção do mundo, "quando chegou a plenitude dos tempos, mandou o seu Filho, nascido duma mulher [...] para que recebêssemos a adoção de filhos" (Gl 4,4-5), "o qual, por amor de nós homens e para nossa salvação, desceu dos céus e encarnou pelo poder do Espírito Santo no seio da Virgem Maria".[1] Este mistério divino da salvação revela-se-nos e continua na Igreja, que o Senhor constituiu como seu corpo, e na qual os fiéis — unidos a Cristo, sua cabeça, e em comunhão com todos os seus santos — devem também, e "em primeiro lugar, venerar a memória da glo-

---

[1] Credo da missa romana: Símbolo Constantinopolitano: MANSI 3, 566. Cf. CONC. DE ÉFESO, ib. 4, 1130 (e também ib. 2, 665 e 4, 1071); CONC. DE CALCEDÔNIA, ib. 7, 111-116; CONC. CONSTANTINOPOLITANO II, ib. 9, 375-396.

riosa sempre virgem Maria, Mãe de Deus e de Nosso Senhor Jesus Cristo".[2]

A VIRGEM MARIA E A IGREJA

53. A Virgem Maria, que na anunciação do anjo recebeu o Verbo de Deus no seu coração e no seu corpo, e deu a Vida ao mundo, é reconhecida e honrada como verdadeira Mãe de Deus e do Redentor. Remida de modo mais sublime em atenção aos méritos de seu Filho, e unida a ele por vínculo estreito e indissolúvel, foi enriquecida com a sublime prerrogativa e dignidade de ser Mãe de Deus Filho, e, portanto, filha predileta do Pai e sacrário do Espírito Santo; com este dom de graça sem igual, ultrapassa de longe todas as outras criaturas celestes e terrestres. Ao mesmo tempo encontra-se unida na estirpe de Adão com todos os homens que devem ser salvos; mais ainda, é "verdadeiramente mãe dos membros de Cristo [...] porque com o seu amor colaborou para que na Igreja nascessem os fiéis, que são os membros daquela cabeça".[3] Por esta razão é também saudada como membro supereminente e absolutamente singular da Igreja, e também como seu protótipo e modelo acabado, na fé e na caridade; e a Igreja Católica, guiada pelo Espírito Santo, honra-a como mãe amantíssima, dedicando-lhe afeto de piedade filial.

---

[2] Cânon da missa romana.
[3] SANTO AGOSTINHO, De S. Virginitate, 6: PL 40, 399.

Intenção do Concílio

54. Por isso o sagrado Concílio, ao expor a doutrina da Igreja, na qual o divino Redentor opera a salvação, deseja esclarecer cuidadosamente quer a função da Santíssima Virgem no mistério do Verbo encarnado e do corpo místico, quer os deveres dos próprios homens remidos para com a Mãe de Deus, que é Mãe de Cristo e dos homens, em especial dos fiéis. Não é, no entanto, intenção sua propor a doutrina completa sobre Maria ou diminuir questões que a investigação dos teólogos ainda não conseguiu dilucidar plenamente. Mantêm-se, portanto, no seu direito as opiniões que são livremente propostas nas escolas católicas acerca daquela que na santa Igreja ocupa o lugar mais alto depois de Cristo e o mais perto de nós.[4]

II. Função da Santíssima Virgem na economia da salvação

A Mãe do Messias no Antigo Testamento

55. Os livros do Antigo e do Novo Testamento e a tradição veneranda mostram, dum modo que se vai tornando cada vez mais claro, e colocam, por assim dizer, diante dos nossos olhos a função da Mãe do Sal-

---

[4] Cf. Paulo VI, Alocução no Concílio, 4 dez. 1963: AAS 56 (1964), p. 37.

vador na economia da salvação. Os livros do Antigo Testamento descrevem a história da salvação, que vai preparando, a passos lentos, a vinda de Cristo ao mundo. Estes primeiros documentos, tais como são lidos na Igreja e entendidos à luz da ulterior revelação completa, iluminam pouco a pouco, sempre com maior clareza, a figura de uma mulher, a da Mãe do Redentor. Ela aparece, a esta luz, profeticamente esboçada na promessa da vitória sobre a serpente, feita aos nossos primeiros pais já caídos no pecado (cf. Gn 3,15). Do mesmo modo, ela é a Virgem que há de conceber e dar à luz um Filho, cujo nome será Emanuel (cf.Is 7,14; Mq 5,2-3; Mt 1,22-23). Ela sobressai entre os humildes e os pobres do Senhor, que dele esperam confiadamente e vêm a receber a salvação. Enfim, com ela, filha excelsa de Sião, após a longa espera da promessa, atingem os tempos a sua plenitude e inaugura-se nova economia, quando o Filho de Deus assume dela a natureza humana, para, mediante os mistérios da sua carne, libertar o homem do pecado.

Maria na anunciação

56. Quis, porém, o Pai das misericórdias que a encarnação fosse precedida da aceitação por parte da Mãe predestinada, a fim de que, assim como uma mulher tinha contribuído para a morte, também uma mulher contribuísse para a vida. E isto se aplica de forma eminente à Mãe de Jesus, a qual deu ao mundo aquele que é a Vida, que tudo renova, e foi enriquecida por Deus com dons convenientes a tão alto múnus. Portanto, nada admira que tenha sido corrente, entre os santos padres, chamar à Mãe de Deus, toda santa e imune de qualquer mancha do pecado, como que plasmada pelo Espírito Santo e formada qual nova criatura.[5] Adornada, desde o primeiro instante da sua conceição, com esplendores duma santidade absolutamente singular, a Virgem de Nazaré ouvindo a saudação do anjo mandado por Deus, que lhe chama "cheia de graça" (cf. Lc 1,28), responde ao mensageiro celeste: "Eis a escrava do Senhor, faça-se em mim segundo a tua palavra" (Lc 1,38). Assim Maria, filha de Adão, consentindo na palavra divina, tornou-se Mãe de Jesus, e abraçando com generosidade e sem pecado algum a vontade salvífica de Deus, consagrou-se totalmente, como escrava do Senhor, à pessoa e obra de seu Filho, servindo ao mistério da redenção sob a sua dependência e com ele, pela graça de Deus onipotente. Com razão afirmam os santos padres que Maria não foi instrumento meramente passivo nas mãos de Deus, mas cooperou na salvação dos homens com fé

---

[5] Cf. são Germano Const., Hom. In Annunt. Delparae: PG 98, 328 A; In Dorm. 2: Col. 357. Anastásio Antioq., Serm. 2 de Annunt., 2 PG 89, 1377 AB; Serm. 3, 2: col. 1388. Santo André Cret., Cant. in B. V. Nat. 4: PG 97, 1321 B. In B. V. Nat., 1: col. 812 A. Hom. in dorm. 1: col. 1068 C. S. Sofrônio, Or. 2 in Annunt., 18 PG 87 (3), 3237 BD.

livre e com inteira obediência. Como diz santo Irineu, "pela obediência, ela tornou-se causa de salvação para si mesma e para todo o gênero humano".[6] E não poucos padres antigos, na sua pregação, comprazem-se em repetir: "O laço de desobediência de Eva foi desfeito pela obediência de Maria; o que a virgem Eva atou com sua incredulidade, a Virgem Maria desatou-o pela fé".[7] Comparando-a com Eva, chamam a Maria "Mãe dos viventes"[8] e afirmam com freqüência: "A morte veio por Eva, e a vida por Maria".[9]

A VIRGEM MARIA E O MENINO JESUS

57. Esta união da Mãe com o Filho, na obra da redenção, manifesta-se desde o momento em que Jesus Cristo é concebido virginalmente, até a sua morte. Primeiramente, quando Maria se dirigiu pressurosa a visitar Isabel, e esta a proclamou bem-aventurada por ter acreditado na salvação prometida, estremecendo o precursor de alegria no seio de sua mãe (cf. Lc 1,41-45); e depois, no nascimento, quando a Mãe de Deus, cheia de alegria, mostrou aos pastores e aos magos o

---

[6] SANTO IRINEU, Adv. Haer. III, 22. 4: PG 7, 959 A; HARVEY 2, 123.
[7] SANTO IRINEU, ibidem: HARVEY, 2, 124.
[8] SANTO EPIFÂNIO, Haer. 78, 18: PG 42, 728 CD-729 AB.
[9] SÃO JERÔNIMO, Epist. 22, 21: PL 22, 408. Cf. SANTO AGOSTINHO, Serm. 51, 2, 3: PL 38, 335; Serm. 232, 2: col. 1108. SÃO CIRILO DE JERUSALÉM, Catech. 12, 15: PG 33, 741 AB. SÃO JOÃO CRISÓSTOMO, In Ps. 44, 7: PG 55, 193. SÃO JOÃO DAMASCENO, Hom. 2 in dorm. B. M. V., 3: PG 96, 728.

seu Filho primogênito, que não diminuiu, antes consagrou a sua integridade virginal.[10] E também quando, ao apresentá-lo no templo ao Senhor, ofereceu o resgate dos pobres e ouviu Simeão profetizar que esse Filho havia de ser sinal de contradição e que uma espada atravessaria a alma da Mãe, para que se revelassem os pensamentos de muitos corações (cf. Lc 2,34-35). O Menino Jesus perdido e com tanta dor procurado, encontraram-no Maria e José no templo, ocupado nas coisas de seu Pai; não entenderam a resposta que lhes deu; a Mãe, porém, guardava no seu coração e meditava todas estas coisas (cf. Lc 2,41-51).

A VIRGEM MARIA NO MINISTÉRIO PÚBLICO DE JESUS

58. Na vida pública de Jesus, a sua Mãe manifesta-se claramente logo no início, quando nas bodas de Caná da Galiléia, movida de misericórdia, conseguiu com sua intercessão que Jesus, o Messias, desse início aos seus milagres (cf. Jo 2,11). Durante a pregação do seu Filho, recolheu as palavras com que ele, exaltando o reino acima das razões e vínculos da carne e do sangue, proclamou bem-aventurados os que ouvem e observam a palavra de Deus (cf. Mc 3,35 — paralelo Lc 11,27-28), como ela fazia pontualmente

---

[10] Cf. CONC. LATERANENSE do ano 649, Can. 3: MANSI 10, 1151. SÃO LEÃO MAGNO, Epist. ad Flav.: PL 54, 759. CONC. DE CALCEDÔNIA; MANSI 7, 462. SANTO AMBRÓSIO, De instit. vir.: PL 16, 320.

(cf. Lc 2,19 e 51). Assim também a Santíssima Virgem avançou no caminho da fé e conservou fielmente a união com seu Filho até a cruz, junto da qual, por desígnio de Deus, se manteve de pé (cf. Jo 10,25); sofreu profundamente com o seu Unigênito e associou-se de coração maternal ao seu sacrifício, consentindo amorosamente na imolação da vítima que ela havia gerado; finalmente, ouviu estas palavras do próprio Jesus Cristo, ao morrer na cruz, dando-a ao discípulo por Mãe: "Mulher, eis aí o teu filho" (cf. Jo 19,26-27).[11]

A VIRGEM MARIA DEPOIS DA ASCENSÃO

59. Foi vontade de Deus manifestar solenemente o sacramento da salvação humana, só depois de ter enviado o Espírito prometido por Cristo. Por isso, vemos os apóstolos, antes do dia do Pentecostes, assíduos e unânimes na oração, com algumas mulheres e com Maria mãe de Jesus e os irmãos deste" (At 1,14), e vemos também Maria implorando com suas preces o dom do Espírito, que na anunciação já a tinha coberto com sua sombra. Finalmente, a Virgem Imaculada, que fora preservada de toda mancha da culpa original,[12] terminando o curso de sua vida terrena, foi levada à

---

[11] Cf. PIO XII, Cart. Enc. Mystici Corporis, 29 jun. 1943: AAS 35 (1943), pp. 247-248.
[12] Cf. PIO IX, Bula Ineffabilis, 8 dez. 1854: Acta Pii IX, 1, 1, p. 616: DENZ. 1641 (2803).

glória celeste em corpo e alma,[13] e exaltada pelo Senhor como Rainha do universo, para que se parecesse mais com o seu Filho, Senhor dos senhores (cf. Ap 19,16) e vencedor do pecado e da morte.[14]

III. A Santíssima Virgem e a Igreja

Maria, escrava do Senhor, na obra da redenção

60. É um só o nosso Mediador, segundo as palavras do Apóstolo: "Porque há um só Deus, também há um só mediador entre Deus e os homens, Cristo Jesus, verdadeiro homem, que se ofereceu em resgate por todos" (1Tm 2,5-6). A função maternal de Maria para com os homens, de nenhum modo obscurece ou diminui esta mediação única de Cristo, antes mostra qual é a sua eficácia. Na verdade, todo o influxo salutar da Santíssima Virgem em favor dos homens não é imposto por nenhuma necessidade intrínseca, mas sim por

---

[13] Cf. Pio XII, Const. Apost. Munificentissimus, 1 nov. 1950: AAS 42 (1950); Denz., 2333 (3903). Cf. são João Damasceno, Enc. in dorm. Dei genitricis, Hom. 2 e 3: PG 96, 721-762, especialmente col. 728 B. São Germano Constantin., In S. Dei gen. dorm. Serm. 1: PG 98 (6), 340-348; Serm. 3: col. 361. São Modesto de Jer., In dorm. SS. Deiparae: PG 86 (2): 3277-3312.

[14] Cf. Pio XII, Cart. Enc. Ad coeli Reginam, 11 out. 1954: AAS 46 (1954), pp. 633-636; Denz. 3913ss. Cf. santo André Cret., Hom. 3 in dorm. SS. Deiparae: PG 97, 1089-1109. São João Damasceno, De fide orth., IV, 14: PG 94, 1153-1168.

livre escolha de Deus, e dimana da superabundância dos méritos de Cristo, funda-se na sua mediação, dela depende absolutamente e dela tira toda a sua eficácia; e, longe de impedir, fomenta ainda mais o contato imediato dos fiéis com Cristo.

MATERNIDADE ESPIRITUAL

61. A Santíssima Virgem, predestinada — desde toda a eternidade, no desígnio da encarnação do Verbo divino — para Mãe de Deus, foi na terra, por disposição da divina Providência, a Mãe do Redentor divino, mais que ninguém sua companheira generosa e a humilde escrava do Senhor. Concebendo a Cristo, gerando-o, alimentando-o, apresentando-o no templo ao Pai, sofrendo com seu Filho que morria na cruz, ela cooperou de modo absolutamente singular — pela obediência, pela fé, pela esperança e a caridade ardente — na obra do Salvador para restaurar a vida sobrenatural das almas; por tudo isto, ela é nossa mãe na ordem da graça.

MEDIANEIRA

62. A maternidade de Maria, na economia da graça, perdura sem cessar, desde o consentimento que ela prestou fielmente na anunciação e manteve sem vacilar ao pé da cruz, até a consumação final de todos os eleitos. De fato, depois de elevada ao céu, não abandonou esta missão salutar, mas, pela sua múltipla intercessão, continua a obter-nos os dons da salvação eterna.[15] Com seu amor de Mãe, cuida dos irmãos de seu Filho, que ainda peregrinam e se debatem entre perigos e angústias, até que sejam conduzidos à Pátria feliz. Por isso, a Santíssima Virgem é invocada, na Igreja, com os títulos de Advogada, Auxiliadora, Amparo e Medianeira.[16] Mas isto deve entender-se de modo que nada tire nem acrescente à dignidade e à eficácia de Cristo, Mediador único.[17]

Nenhuma criatura pode colocar-se no mesmo plano que o Verbo encarnado e redentor; mas, assim como o sacerdócio de Cristo é participado de modo diverso pelos ministros sagrados e pelo povo fiel, e assim como a bondade de Deus, única, difunde-se realmente em medida diversa pelas suas criaturas, assim também a única mediação do Redentor não exclui,

---

[15] Cf. KLEUTGEN, texto reformado De mysterio Verbi incarnati, cap. IV: MANSI 53, 290. Cf. SANTO ANDRÉ CRET., In nat. Mariae, sermo 4: PG 97, 865 A. SÃO GERMANO CONSTANT., In annut. Deiparae: PG 98, 312 BC. In dorm. Deiparae, III col. 364 D. SÃO JOÃO DAMASCENO, In dorm. B. V. Mariae, Hom 1, 8: PG 96, 712 BC-713 A.

[16] Cf. LEÃO XIII, Cart. Enc. Adiutricem populi, 5 set.1895: ASS 15 (1895-96), p. 303. SÃO PIO X, Cart. Enc. Ad diem illum, 2 fev. 1904: Acta, I, p. 154; DENZ. 1978a (3370). PIO XI, Cart. Enc. Miserentissimus, 8 maio 1928: AAS (1928), p. 178. PIO XII, Radiomens.,13 maio 1946: AAS 38 (1946), p. 266.

[17] SANTO AMBRÓSIO, Epist. 63: PL 16, 1218.

antes suscita nas criaturas uma cooperação múltipla, embora a participar da fonte única.

A Igreja não hesita em atribuir a Maria uma função assim subordinada; sente-a até continuamente e recomenda-a ao amor dos fiéis, para que, apoiados nesta proteção maternal, eles se unam mais intimamente ao Mediador e Salvador.

MARIA, COMO VIRGEM E MÃE, FIGURA DA IGREJA

63. A Santíssima Virgem encontra-se também intimamente unida à Igreja, pelo dom e cargo da maternidade divina, que a une com seu Filho redentor, e ainda pelas suas graças e prerrogativas singulares: a Mãe de Deus é a figura da Igreja, como já ensinava santa Ambrósio, quer dizer, na ordem da fé, da caridade e da perfeita união com Cristo.[18] De fato, no mistério da Igreja, a qual também se chama com razão virgem e mãe, à Santíssima Virgem Maria pertence o primeiro lugar, por ser, de modo eminente e singular, exemplo de virgem e de mãe.[19] Pois, pela sua fé e obediência, gerou na terra o próprio Filho de Deus-Pai: sem conhecer varão, mas pelo poder do Espírito Santo,

---

[18] SANTO AMBRÓSIO, Expos. Lc 2,7: PL 15, 1555.
[19] Cf. Ps. PEDRO DAM., Serm. 63: PL 144, 861 AB. GODOFREDO DE SÃO VITOR, In nat. B. M., Ms. Paris, Mazarine, 1002 fol. 109r. GERHOBUS REICH, De gloria et honore Folii hominis 10: PL194, 1105 AB.

acreditando sem hesitar, qual nova Eva, não na antiga serpente, mas no mensageiro divino. Deu à luz o Filho, a quem Deus constituiu primogênito entre muitos irmãos (cf. Rm 8,29), isto é, entre os fiéis em cuja geração e formação ela coopera com amor de mãe.

Fecundidade da Virgem e da Igreja

64. A Igreja, contemplando a santidade misteriosa de Maria, imitando a sua caridade, e cumprindo fielmente a vontade do Pai, pela palavra de Deus fielmente recebida torna-se também ela mãe: pela pregação e pelo batismo gera, para uma vida nova e imortal, os filhos concebidos do Espírito Santo e nascidos de Deus. E é também virgem, que guarda a fé jurada ao Esposo, íntegra e pura; e, à imitação da Mãe do seu Senhor, conserva, pela graça do Espírito Santo, virginalmente íntegra a fé, sólida a esperança, sincera a caridade.[20]

Virtudes de Maria que a Igreja deve imitar

65. Na Santíssima Virgem, a Igreja alcançou já essa perfeição que faz que ela se apresente sem mancha

---

[20] Santo Ambrósio, l. cit. e Expos. Lc 10,24-25: PL 15, 1810. Santo Agostinho, In Jo. tr. 13, 12: PL 35, 1499. Cf. Serm. 191, 2, 3: PL 38, 1010 etc. Cf. também Ven. Beda, In Lc Expos. I, cap. 2: PL 92, 330. Isaac de Stella, Serm. 54: PL 194, 1863 A.

nem ruga (cf. Ef 5,27). Os fiéis, porém, continuam ainda a esforçar-se por crescer na santidade, vencendo o pecado; por isso levantam os olhos para Maria que refulge a toda a comunidade dos eleitos como modelo de virtudes. A Igreja, refletindo piedosamente sobre Maria e contemplando-a à luz do Verbo feito homem, penetra cheia de respeito, mais e mais no íntimo do altíssimo mistério da encarnação, e vai tomando cada vez mais a semelhança do seu Esposo. Com efeito, quando Maria é exaltada e honrada — que, pela sua cooperação íntima na história da salvação, de certo modo reúne e reflete as maiores exigências da fé —, ela atrai os crentes para seu Filho, para o sacrifício dele e para o amor do Pai. E a Igreja, por sua vez, empenhada como está na glória de Cristo, torna-se mais semelhante à excelsa figura que a representa, progredindo continuamente na fé, na esperança e na caridade, buscando e cumprindo em tudo a vontade de Deus. Com razão, a Igreja, também na sua atividade apostólica, olha para aquela que gerou a Cristo, concebido do Espírito Santo e nascido da Virgem precisamente para que nasça e cresça também no coração dos fiéis, por meio da Igreja. A Virgem, durante a vida, foi modelo daquele amor materno de que devem estar animados todos aqueles que colaboram na missão apostólica da Igreja para a redenção dos homens.

IV. O culto da Santíssima Virgem na Igreja

NATUREZA E FUNDAMENTO DESTE CULTO

66. Maria foi exaltada pela graça de Deus acima de todos os anjos e de todos os homens, logo abaixo de seu Filho, por ser a Mãe Santíssima de Deus e, como tal, haver interferido nos mistérios de Cristo: por isso, a Igreja a honra com culto especial. Na verdade, já desde os mais antigos tempos, a Santíssima Virgem é venerada com o título de "Mãe de Deus", recorrendo os fiéis com súplicas à sua proteção em todos os perigos e necessidades.[21] Sobretudo a partir do Concílio de Éfeso, o culto prestado a Maria pelo povo de Deus cresceu admiravelmente, manifestando-se em veneração, amor, invocação e imitação, cumprindo-se as palavras proféticas da própria Virgem: "Todas as gerações me chamarão bem-aventurada, porque fez em mim grandes coisas aquele que é poderoso" (cf. Lc 1,48). Este culto, tal como existiu sempre na Igreja, é de todo singular, mas difere essencialmente do culto de adoração que é prestado ao Verbo encarnado e do mesmo modo ao Pai e ao Espírito Santo, e muito contribui para ele. Pois que as várias formas de devoção para com a Mãe de Deus, que a Igreja aprovou — dentro dos limites da doutrina sã e ortodoxa, segundo as cir-

---

[21] "Sub tuum praesidium".

cunstâncias de tempos e lugares, e atendendo à índole e ao modo de ser dos fiéis —, fazem que, ao honrarmos a Mãe, seja bem conhecido, amado e glorificado o Filho, e bem observados os mandamentos daquele "pelo qual existem todas as coisas" (cf. Cl 1,15-16) e no qual "aprouve ao eterno Pai que habitasse toda a plenitude" (cf. Cl 1,19).

Espírito da pregação e do culto

67. O Sagrado Concílio ensina deliberadamente esta doutrina católica e exorta ao mesmo tempo todos os filhos da Igreja a que promovam dignamente o culto da Virgem Santíssima, de modo especial o culto litúrgico; a que tenham em grande estima as práticas e os exercícios de piedade que em sua honra o magistério da Igreja recomendou no decorrer dos séculos; e a que observem religiosamente quanto foi estabelecido no passado acerca do culto das imagens de Cristo, da Santíssima Virgem e dos santos.[22] Além disso, exorta com todo o empenho os teólogos e os pregadores da palavra divina a que, ao considerarem a singular dignidade da Mãe de Deus, se abstenham com cuidado tanto de qualquer falso exagero como também duma

---

[22] Conc. Niceno II, ano 787: Mansi 13, 378-379; Denz. 302 (600-601). Conc. Trid. sess. 25: Mansi 33, 171-172.

demasiada pequenez de espírito.[23] Com o estudo da Sagrada Escritura, dos santos padres, dos doutores e das liturgias da Igreja, esclareçam com precisão, sob a orientação do magistério, as funções e os privilégios da Santíssima Virgem, que sempre se referem a Cristo, origem de toda a verdadeira santidade e devoção. Evitem diligentemente tudo o que, por palavras ou por obras, possa induzir em erro os irmãos separados ou quaisquer outras pessoas, quanto à verdadeira doutrina da Igreja. Por sua vez, recordem-se os fiéis de que a devoção autêntica não consiste em sentimentalismo estéril e passageiro, ou em vã credulidade, mas procede da fé verdadeira que nos leva a reconhecer a excelência da Mãe de Deus e nos incita a um amor filial para com a nossa Mãe, e à imitação das suas virtudes.

V. Maria, sinal de esperança certa e de consolação para o povo de Deus peregrino

68. Do mesmo modo que a Mãe da Jesus, já glorificada no céu em corpo e alma, é imagem e primícia da Igreja, que há de atingir a sua perfeição no século futuro, assim também já agora na terra, enquanto não chega o dia do Senhor (cf. 2Pd 3,10), ela brilha,

---

[23] Cf. Pio XII, Radiomensag. 24 out. 1954: AAS 46 (1954), p. 679. Cart. Enc. Ad coeli Reginam, 11 out. 1954: AAS 46 (1954), p. 637.

como sinal de esperança segura e de consolação, aos olhos do povo de Deus peregrino.

69. Muito alegra e consola este sagrado Concílio o saber que não falta, mesmo entre os irmãos separados, quem preste a honra devida à Mãe do Senhor e Salvador, de modo particular entre os orientais que afluem com fervor e devoção a venerar a Mãe de Deus sempre Virgem.[24] Todos os fiéis dirijam súplicas instantes à Mãe de Deus e Mãe dos homens, para que ela, que assistiu com suas orações aos alvores da Igreja, também agora, exaltada no céu acima de todos os anjos e bem-aventurados, interceda junto de seu Filho, na comunhão de todos os santos, para que todas as famílias dos povos, quer se honrem do nome cristão quer desconheçam ainda o Salvador, reúnam-se em paz e concórdia no único povo de Deus, para glória da santíssima e indivisa Trindade.

Fórmula da promulgação

Todas e cada uma das coisas que nesta Constituição dogmática se estabelecem pareceram bem aos padres do Concílio. E nós — pelo poder apostólico que nos foi confiado por Cristo — juntamente com os

---

[24] Cf. Pio XI, Cart. Enc. Ecclesiam Dei, 12 nov.1923: AAS 15 (1923), p. 581. Pio XII, Cart. Enc. Fulgens corona, 8 set. 1953: AAS 45 (1953), pp. 590-591.

veneráveis padres, no Espírito Santo as aprovamos, decretamos e estabelecemos, e tudo quanto assim conciliarmente foi estatuído, mandamos que, para glória de Deus, seja promulgado.

Roma, junto de São Pedro, aos 21 de novembro de 1964.

Eu, Paulo, bispo da Igreja Católica.

(Seguem-se as assinaturas dos padres conciliares)

DAS ATAS DO CONCÍLIO ECUMÊNICO VATICANO II

NOTIFICAÇÕES

Feitas pelo Exmo. Secretário-Geral na 123ª Congregação Geral (16 de novembro de 1964)

Foi perguntado qual deva ser a *qualificação teológica* da doutrina exposta no esquema *De Ecclesia*, sujeito à votação.

A Comissão Doutrinal, ao examinar os *Modos* relativos ao capítulo III do esquema *De Ecclesia*, respondeu com as seguintes palavras:

"Como é evidente, um texto conciliar deve ser interpretado sempre de harmonia com as regras gerais que todos conhecem".

E, a propósito, a Comissão Doutrinal manda para a sua *Declaração* de 6 de março de 1964, cujo texto passamos a transcrever:

"Atendendo à praxe conciliar e tendo em conta a finalidade pastoral do Concílio Vaticano II, este Santo Concílio só entende pronunciar, em matéria de fé e costumes, aquelas definições que abertamente declarar como tais.

Tudo o mais que o Concílio propõe, na qualidade de doutrina do Magistério Supremo da Igreja, devem todos e cada um dos fiéis acatá-lo e segui-lo, conforme a intenção do mesmo Concílio, que transparece quer da matéria versada quer do modo de expressão, segundo as normas da interpretação teológica".

***

A autoridade superior comunica aos padres uma nota explicativa prévia, relativa aos *Modos* que foram apresentados sobre o capítulo III do *Esquema De Ecclesia*. A doutrina exposta neste capítulo III deve ser explicada e compreendida segundo o espírito e o sentido desta nota.

Nota explicativa prévia

"A Comissão decidiu fazer preceder o exame dos *Modos* das seguintes observações gerais:

1. *Colégio* não se entende em sentido *estritamente jurídico,* isto é, como um grupo de iguais que delegassem o seu poder no presidente, mas como grupo estável, cuja estrutura e autoridade devem deduzir-se da revelação. Por isso é que na resposta ao *Modo* 12 se diz expressamente, a respeito dos doze, que o Senhor os constituiu à maneira de colégio ou "grupo estável" (cf. também o *Modo* 53, c). — Pela mesma razão,

ao falar-se de colégio episcopal, usam-se indistintamente os termos *ordem e corpo*. O paralelismo entre são Pedro e os demais apóstolos, por um lado, e o Sumo Pontífice e os bispos, por outro, não implica a transmissão dos poderes extraordinários dos apóstolos aos seus sucessores, nem, como é evidente, a *igualdade* entre a cabeça e os membros do colégio; mas implica tão-só uma *proporcionalidade* entre a primeira relação (Pedro-apóstolos) e a segunda (papa-bispos). Por isso, a Comissão resolveu escrever no n. 22: não da *mesma* maneira, mas de maneira *semelhante* (cf. *Modo* 57).

2. Fica alguém constituído *membro do colégio* em virtude da consagração episcopal e da comunhão hierárquica com a cabeça e com os membros do colégio (cf. n. 22 § 1, ao fim).

Na *consagração* é conferida uma participação *ontológica* nos ofícios *sagrados*, como indubitavelmente consta da tradição litúrgica. Emprega-se propositadamente o termo *ofício e não poderes*, porque este último termo poderia entender-se dum poder apto a exercer-se. Mas, para que haja um poder assim apto a exercer-se, é indispensável a *determinação canônica* ou *jurídica* da parte da autoridade hierárquica. Determinação de poder que pode consistir no concessão dum cargo particular ou na designação dos súditos, e é dada segundo as normas aprovadas pela autoridade suprema. Uma tal norma ulterior é requerida pela *natureza das coisas,* pois se trata de ofícios que devem ser exercidos por *vários sujeitos*, que por vontade de Cristo cooperam hierarquicamente. É evidente que esta "comunhão" teve aplicação na *vida* da Igreja, conforme as circunstâncias dos tempos, antes de ser codificada no *direito*.

Por isso se diz expressamente que se requer a comunhão *hierárquica* com a cabeça e com os membros da Igreja. *Comunhão* é uma noção que foi tida em grande honra na antiga Igreja (e ainda hoje, sobretudo no Oriente). Não é entendida como um *sentimento* vago, mas como *realidade orgânica* que exige uma forma jurídica e, ao mesmo tempo, é animada pela caridade. Daí que a Comissão tenha decidido, quase por unanimidade, escrever "em *comunhão hierárquica*", cf. *Modo* 40 e também o que se diz a respeito da *missão canônica*, n. 24.

Os documentos dos sumos pontífices recentes, relativos à jurisdição dos bispos, devem entender-se desta necessária determinação de poderes.

3. O colégio, que não existe sem a sua cabeça, diz-se *"que é também sujeito do poder supremo e pleno* sobre toda a Igreja". E isto tem necessariamente de aceitar-se para que se não levante problema sobre a plenitude do poder do Romano Pontífice. Colégio entende-se sempre e necessariamente como incluindo a sua cabeça, que, *dentro do colégio, mantém íntegra a sua função de vigário de Cristo e de pastor da Igreja universal*. Por outras palavras, a distinção não se faz entre o

Pontífice Romano e os bispos tomados coletivamente, mas entre o Romano Pontífice sozinho e o Romano Pontífice junto com os bispos. E porque o Sumo Pontífice é a *cabeça* do colégio, só ele pode pôr determinados atos, que não são, de modo nenhum, da competência dos bispos, v. g. convocar e dirigir o colégio, aprovar normas para a sua atividade etc., cf. *Modo* 81. Ao juízo do Sumo Pontífice, a quem foi entregue o cuidado de toda a grei de Cristo, compete determinar, de harmonia com as necessidades da Igreja que variam com os tempos, como convém que esta missão se exerça, quer de maneira pessoal quer de maneira colegial. O Romano Pontífice, quando se trata de ordenar, promover e aprovar o exercício da colegialidade em vista do bem da Igreja, procede segundo a sua própria discrição.

4. O Sumo Pontífice, como pastor supremo da Igreja, pode exercer o seu poder em qualquer tempo, à sua vontade, como é exigido pelo seu cargo. Ao contrário, o colégio, que existe sempre, nem por isso age permanentemente com ação *estritamente* colegial, como atesta aliás a tradição da Igreja. Por outras palavras, não está sempre "em pleno exercício", mas a intervalos; é *só com o consentimento da cabeça* que ele age de modo estritamente colegial. Diz-se *"com o consentimento da cabeça"*, não se vá pensar numa *dependência* a respeito de alguém estranho ao colégio; o termo "com o consentimento" insinua, pelo contrário, *comunhão* entre a

cabeça e os membros, e implica a necessidade dum *ato* que propriamente compete à cabeça. Isto é afirmado explicitamente no n. 22 § 2, e aparece desenvolvido no fim do mesmo parágrafo. A fórmula negativa "só" compreende todos os casos: é evidente portanto que as *normas* aprovadas pela autoridade suprema devem ser observadas sempre (cf. *Modo* 84).

De tudo isto ressalta que se trata duma *união estreita* dos bispos *com a sua cabeça,* e nunca duma ação dos bispos *independentemente* do Papa. Neste caso, faltando a ação da cabeça, os bispos não podem agir como colégio, o que resulta da própria noção de "colégio". Esta comunhão hierárquica de todos os bispos com o Sumo Pontífice é afirmada constantemente pela tradição.

N. B. — Sem a comunhão hierárquica *não pode* exercer-se a função sacramental-ontológica, que deve ser distinguida do aspecto canônico-jurídico. No entanto, a Comissão entende não dever entrar em questões de *liceidade* e *validade*; deixa-as à discussão dos teólogos, em especial no que diz respeito ao poder que, de fato, é exercido pelos orientais separados e em cuja explicação as opiniões divergem.

† Péricles Felici
Arcebispo tit. de Samosata
Secretário-Geral
do Sacrossanto Concílio Ecumênico Vaticano II

ÍNDICE GERAL

CAPÍTULO I

O MISTÉRIO DA IGREJA

Introdução 3
Os desígnios do eterno Pai para a salvação de todos os homens 4
A missão do Filho 5
O Espírito santificador da Igreja 6
O reino de Deus 7
Várias imagens da Igreja 8
A Igreja corpo místico de Cristo 11
A Igreja ao mesmo tempo visível e espiritual 15

CAPÍTULO II

O POVO DE DEUS

A nova aliança e o novo povo 19
Sacerdócio comum 22
O exercício do sacerdócio comum nos sacramentos 23
O sentido da fé e os carismas do povo cristão 26
A universalidade ou catolicidade do único povo de Deus 28
Os fiéis católicos 31
As relações da Igreja com os cristãos não-católicos 32
Os não-cristãos 34
O caráter missionário da Igreja 36

CAPÍTULO III

CONSTITUIÇÃO HIERÁRQUICA DA IGREJA E EM ESPECIAL O EPISCOPADO

Proêmio 39
A instituição dos doze apóstolos 40
Os bispos, sucessores dos apóstolos 42
O episcopado como sacramento 44
O colégio dos bispos e a sua cabeça 46
Relação dos bispos dentro do colégio 49
O ministério dos bispos 53
Função docente dos bispos 54
Função santificadora dos bispos 57
Função governativa dos bispos 60
Os presbíteros, suas relações com Cristo, com os
bispos, com o presbitério e com o povo cristão 62
Os diáconos 66

CAPÍTULO IV

OS LEIGOS

Introdução 69
Que se entende por leigos 70
Unidade na diversidade 71
Apostolado dos leigos 73
Consagração do mundo 75
Testemunho da vida 76
Nas estruturas humanas 78

Relações com a hierarquia 81
Como a alma no corpo 83

CAPÍTULO V

VOCAÇÃO UNIVERSAL À SANTIDADE NA IGREJA

Chamamento à santidade 85
Cristo, mestre e modelo de perfeição 86
A santidade nos diversos estados de vida 88
Os conselhos evangélicos 92

CAPÍTULO VI

OS RELIGIOSOS

Castidade, pobreza, obediência 97
Sinal especial 98
Regras e constituições 100
Purificação da alma 102
Perseverança 104

CAPÍTULO VII

ÍNDOLE ESCATOLÓGICA DA IGREJA PEREGRINA E SUA UNIÃO COM A IGREJA CELESTE

Índole escatológica da nossa vocação na Igreja 105
A comunhão da Igreja celeste com a Igreja peregrina 108
Relações da Igreja peregrina com a Igreja celeste 110
Disposições pastorais 113

CAPÍTULO VIII

A BEM-AVENTURADA VIRGEM MARIA, MÃE DE DEUS, NO MISTÉRIO DE CRISTO E DA IGREJA

I. Proêmio 117
   A Santíssima Virgem no mistério de Cristo 117
   A Virgem Maria e a Igreja 118
   Intenção do Concílio 119

II. Função da Santíssima Virgem na economia da salvação 119
   A Mãe do Messias no Antigo Testamento 119
   Maria na anunciação 120
   A Virgem Maria e o Menino Jesus 122
   A Virgem Maria no ministério público de Jesus 123
   A Virgem Maria depois da ascensão 124

III. A Santíssima Virgem e a Igreja 125
   Maria, escrava do Senhor, na obra da redenção 125
   Maternidade espiritual 126
   Medianeira 126
   Maria, como Virgem e Mãe, figura da Igreja 128
   Fecundidade da Virgem e da Igreja 129
   Virtudes de Maria que a Igreja deve imitar 129

IV. O culto da Santíssima Virgem na Igreja 131
   Natureza e fundamento deste culto 131
   Espírito da pregação e do culto 132

V. Maria, sinal de esperança certa e de consolação
   para o povo de Deus peregrino 133
   Fórmula da promulgação 134

DAS ATAS DO CONCÍLIO ECUMÊNICO VATICANO II

Notificações feitas pelo Exmo. Secretário Geral na 123ª
Congregação Geral (16 de novembro de 1964) 137
Nota explicativa prévia 138

Coleção A Voz do Papa

1. *Quanta cura* – Carta encíclica sobre os principais erros da época – Pio XI
2. *Arcanum Divinae Sapientiae* – Carta encíclica sobre o matrimônio cristão – Leão XIII
3. *Immortale Dei* – Carta encíclica sobre a Constituição dos Estados – Leão XIII
4. *Libertas* – Carta encíclica sobre a liberdade humana – Leão XIII
5. *Sapientiae Christianae* – Carta encíclica sobre os principais deveres dos cidadãos cristãos – Leão XIII
6. *Rerum Novarum* – Carta encíclica sobre a condição dos operários – Leão XIII
7. *Graves de Communi Re* – Carta encíclica sobre a ação popular cristã – Leão XIII
8. *Pascendi Dominici Gregis* – Carta encíclica sobre as doutrinas modernistas – Pio X
9. *Ubi Arcano Dei* – Carta encíclica sobre a paz de Cristo no reino de Cristo – Pio XI
10. *Divini Illius Magistri* – Carta encíclica sobre a educação cristã da juventude – Pio XI
11. *Casti Connubii* – Carta encíclica sobre o matrimônio cristão – Pio XI
12. *Vigilante Cura* – Carta encíclica sobre o cinema – Pio XI
13. *Divini Redemptoris* – Carta encíclica sobre o comunismo ateu – Pio XI
14. *Quadragesimo Anno* – Carta encíclica sobre a restauração e aperfeiçoamento da ordem social em conformidade com a Lei Evangélica – Pio XI
15. *Divino Afflante Spiritu* – Carta encíclica sobre os estudos bíblicos – Pio XII
16. *Fulgens Corona* – Carta encíclica sobre a Imaculada Conceição – Pio XII
17. *Mediator Dei* – Carta encíclica sobre a Sagrada Liturgia – Pio XII
18. *Miranda Prorsus* – Carta encíclica sobre o cinema, o rádio e a televisão – Pio XII
19. *Mystici Corporis Christi* – Carta encíclica sobre o corpo místico de Jesus Cristo e a nossa união nele com Cristo – Pio XII

20 *Provida Mater Ecclesia* – Constituição apostólica sobre os Institutos Seculares – Pio XII

21 *Sacra Virginitas* – Carta encíclica sobre a sagrada virgindade – Pio XII

22 *Sponsa Christi* – Constituição apostólica para as religiosas em clausura – Pio XII

23 Carta às religiosas – João XIII

24 *Mater et Magistra* – Carta encíclica sobre a evolução da questão social à luz da doutrina cristã – João XXIII

25 *Pacem in Terris* – Carta encíclica sobre a paz de todos os povos na base da verdade, justiça, caridade e liberdade – João XXIII

26 *Sacrosanctum Concilium* – Constituição conciliar sobre a Sagrada Liturgia – Concílio Vaticano II

27 *Inter Mirifica* – Decreto sobre os meios de comunicação social – Concílio Vaticano II

28 *Ecclesiam Suam* – Carta encíclica sobre os caminhos da Igreja – Paulo VI

29 Instrução da Sagrada Congregação dos Ritos para executar retamente a Constituição conciliar sobre a Sagrada Liturgia – Concílio Vaticano II

30 *Mense Maio* – Carta encíclica por ocasião do mês de maio – Paulo VI

31 *Lumen Gentium* – Constituição dogmática sobre a Igreja – Concílio Vaticano II

32 *Mysterium Fidei* – Carta encíclica sobre o culto da Sagrada Eucaristia – Paulo VI

33 *Perfectae Caritatis* – Decreto sobre a conveniente renovação da vida religiosa – Concílio Vaticano II

34 *Gravissimum Educationis* – Declaração sobre a educação cristã – Concílio Vaticano II

35 *Optatam Totius* – Decreto sobre a formação sacerdotal – Concílio Vaticano II

36 *Apostolicam Actuositatem* – Decreto sobre o apostolado dos leigos – Concílio Vaticano II

37 *Dei Verbum* – Constituição dogmática sobre a revelação divina – Concílio Vaticano II

38 *Christus Dominus* – Decreto sobre o múnus pastoral dos bispos – Concílio Vaticano II

39 *Presbyterorum Ordinis* – Decreto sobre o ministério e a vida dos sacerdotes – Concílio Vaticano II

40 Alocução à Assembléia Geral da Organização das Nações Unidas – Paulo VI

41 *Gaudium et Spes* – Constituição pastoral sobre a Igreja no mundo de hoje – Concílio Vaticano II

42 *Ad Gentes* – Decreto sobre a atividade missionária da Igreja – Concílio Vaticano II

43 *Nostra Aetate* – Declaração sobre a Igreja e as religiões não-cristãs – Concílio Vaticano II

44 *Unitatis Redintegratio* – Decreto sobre o ecumenismo – Concílio Vaticano II

45 *Orientalium Ecclesiarum* – Decreto sobre as Igrejas Orientais Católicas – Concílio Vaticano II

46 *Dignitatis Humanae* – Declaração sobre a liberdade religiosa – Concílio Vaticano II

47 *Christi Matri Rosarii* – Carta encíclica para a verdadeira e duradoura paz – Paulo VI

48 *Indulgentiarum Doctrina* – Constituição apostólica sobre as indulgências – Paulo VI

49 *Populorum Progressio* – Carta encíclica sobre o desenvolvimento dos povos – Paulo VI

50 Segunda instrução para a exata aplicação da constituição litúrgica – Sagrada Congregação dos Ritos

51 Discursos de SS. por ocasião de sua peregrinação à Fátima – Paulo VI

52 *Sacerdotalis Caelibatus* – Carta encíclica sobre o celibato sacerdotal – Paulo VI

53 Instrução sobre o culto do mistério eucarístico – Sagrada Congregação dos Ritos

54 Carta apostólica sobre a restauração do diaconato permanente da Igreja Latina – Paulo VI

55 A reforma litúrgica, resultados e perspectivas – Circular para a aplicação da Constituição sobre a Sagrada Liturgia – Cardeal Giácomo Lercaro

56 *Ecclesiae sanctae* – Carta apostólica para estabelecer normas para a execução de alguns decretos do Concílio Vaticano II – Paulo VI

59	Mensagem aos sacerdotes ao terminarem o ano da fé – Paulo VI
60	*Humanae Vitae* – Carta encíclica sobre a regulação da natalidade – Paulo VI
61	Discursos e alocuções no Congresso Eucarístico Internacional de Bogotá – Paulo VI
62	Instrução sobre o adequado renovamento da formação para a vida religiosa – Sagrada Congregação para os Religiosos e Institutos Seculares
63	*Matrimonia Mixta* – Carta apostólica sobre os matrimônios mistos – Paulo VI
64	*Apostolicae Caritatis* – Carta apostólica sobre a Pastoral das Migrações e do Turismo – Paulo VI
65	Atividade missionária – Mensagem para o Dia das Missões – Paulo VI
66	*Sacramentali Communione* – Instrução da Sagrada Congregação para o Culto Divino
67	Nova instrução sobre a liturgia – Terceira instrução para a aplicação da constituição conciliar sobre a Liturgia – Sagrada Congregação dos Ritos
68	*Octogesima Adveniens* – Carta apostólica por ocasião do 80º aniversário da encíclica *Rerum Novarum* – Paulo VI
69	*Communio et Progressio* – Instrução pastoral sobre os meios de comunicação social – Comissão Pontifícia dos Meios de Comunicação Social
70	*Causas Matrimoniales* – Carta apostólica sob a forma de motu próprio em que se estabelecem algumas normas para uma mais rápida resolução dos processos matrimoniais – Paulo VI
71	Exortação apostólica sobre a renovação da vida religiosa segundo os ensinamentos do Concílio – Paulo VI
73	*Laudes Canticum* – Constituição apostólica sobre o Ofício Divino – Paulo VI
74	Diretório catequético geral – Sagrada Congregação para o Clero
75	*De Sacramento Confirmationis* – Constituição apostólica – Paulo VI
76	O sacerdócio ministerial – Sínodo dos Bispos
77	A justiça no mundo – Sínodo dos Bispos
78	Unidade e pluralismo na Igreja – Conferência Nacional dos Bispos do Brasil
79	Ordens menores: subdiaconato, diaconato – Carta apostólica – Paulo VI

80 *Sacram Unctionem Infirmorum* – Constituição apostólica sobre o sacramento da unção dos enfermos – Paulo VI

81 *Immensae Caritatis* – Instrução sobre formas de tornar mais fácil a comunhão sacramental – Congregação da Disciplina dos Sacramentos

82 *Mysterium Ecclesiae* – Declaração acerca da doutrina católica sobre a Igreja para a defender de alguns erros hodiernos – Sagrada Congregação para a Doutrina da Fé

83 *Marialis Cultus* – Exortação apostólica sobre o culto à bem-aventurada Virgem Maria – Paulo VI

84 *Gaudete in Domino* – Exortação apostólica sobre a alegria cristã – Paulo VI

85 *Evangelii Nuntiandi* – Exortação apostólica sobre a evangelização no mundo contemporâneo – Paulo VI

86 Declaração sobre alguns pontos da ética sexual – Sagrada Congregação para a Doutrina da Fé

87 A catequese no nosso tempo especialmente para as crianças e os jovens – Mensagem ao povo de Deus – Sínodo dos bispos

88 Relação entre bispos e religiosos na Igreja – Sagradas Congregações para os Bispos e para os Religiosos e os Institutos Seculares

89 João Paulo II em Puebla – Pronunciamentos do Papa na América Latina – João Paulo II

90 *Redemptor Hominis* – Carta encíclica – João Paulo II

91 Carta de João Paulo II aos sacerdotes – João Paulo II

92 *Sapientia Christiana* – Constituição apostólica sobre as universidades e as faculdades elesiásticas – João Paulo II

93 *Catechesi Tradendae* – Exortação apostólica sobre a catequese no nosso tempo – João Paulo II

94 Ministério e culto à Santíssima Eucaristia

95 Instrução sobre a formação litúrgica nos seminários – Sagrada Congregação para a Educação Católica

96 *Dives in Misericordia* – Carta encíclica sobre a misericórdia divina – João Paulo II

97 Instrução sobre o batismo das crianças – Sagrada Congregação para a Doutrina da Fé

99 *Laborem exercens* – Carta encíclica sobre o trabalho humano no 90º aniversário da *Rerum Novarum* – João Paulo II

100 *Familiaris Consortio* – Exortação apostólica sobre a missão da família cristã no mundo de hoje – João Paulo II

101 Pastoral vocacional – documento conclusivo

102 *Aperite Portas Redemptori* – Bula de proclamação do jubileu pelo 1950º aniversário da redenção – João Paulo II

103 A doutrina da Igreja sobre a vida religiosa

104 *Salvifici Doloris* – Carta apostólica sobre o sentido cristão do sofrimento humano – João Paulo II

105 Instrução sobre alguns aspectos da Teologia da Libertação – Sagrada Congregação para a Doutrina da Fé

106 *Reconciliatio et Paenitentia* – Exortação apostólica pós-sinodal sobre a reconciliação e a penitência na missão da Igreja hoje – João Paulo II

107 Aos jovens e às jovens do mundo – Carta apostólica por ocasião do Ano Internacional da Juventude – João Paulo II

108 *Slavorum Apostoli* – Carta encíclica em memória da obra evangelizadora dos santos Cirilo e Metódio no 11º centenário – João Paulo II

109 Sínodo extraordinário dos bispos – Assembléia Geral Extraordinária do Sínodo dos Bispos – 1985 – Sínodo dos Bispos

110 Instrução sobre a liberdade cristã e a libertação – Sagrada Congregação para a Doutrina da Fé

111 Mensagem aos bispos do Brasil – João Paulo II

112 *Dominum et Vivificantem* – Carta encíclica sobre o Espírito Santo na vida da Igreja e do mundo – João Paulo II

113 Orientações para a formação dos futuros sacerdotes acerca dos instrumentos da Comunicação Social – Congregação para a Educação Católica

114 A serviço da comunidade humana: uma consideração ética da dívida internacional – Comissão Pontifícia "Justiça e Paz"

115 Instrução sobre o respeito à vida humana nascente e a dignidade da procriação – Congregação para a Doutrina da Fé

116 *Redemptoris Mater* – Carta encíclica sobre a bem-aventurada Virgem Maria na vida da Igreja que está a caminho – João Paulo II

117 *Sollicitudo Rei Socialis* – Carta encíclica pelo 20º aniversário da encíclica *Populorum Progressio* – João Paulo II

118 *Mulieres Dignitatem* – Carta apostólica sobre a dignidade e a vocação da mulher por ocasião do Ano Mariano – João Paulo II

119 *Christifideles Laici* – Exortação apostólica sobre vocação e missão dos leigos na Igreja e no mundo – João Paulo II

120 Pornografia e violência nas comunicações sociais: uma resposta pastoral – Pontifício Conselho para as Comunicações Sociais

121 Orientações sobre a formação nos institutos religiosos – Congregação para os institutos de vida consagrada e as sociedades de vida apostólica

122 Instrução sobre a vocação eclesial do teólogo – Sagrada Congregação para a Doutrina da Fé

123 Carta apostólica aos religiosos e às religiosas da América Latina por ocasião do V Centenário da Evangelização do Novo Mundo – João Paulo II

124 *Ex Corde Ecclesiae* – Constituição apostólica sobre as universidades católicas – João Paulo II

125 *Redemptoris Missio* – Carta encíclica sobre a validade permanente do mandato missionário – João Paulo II

126 *Centesimus Annus* – Carta encíclica no centenário da *Rerum Novarum* – João Paulo II

127 *Aetatis Novae* – Instrução pastoral no 20º aniversário de *Communio et Progressio* – Conselho Pontifício para as Comunicações Sociais

128 *Pastores Dabo Vobis* – Exortação apostólica pós-sinodal sobre a formação dos sacerdotes – João Paulo II

129 A vida consagrada e a sua missão na Igreja e no mundo: *Lineamenta* – IX Assembléia Geral Ordinária – Sínodo dos Bispos

130 *Veritatis Splendor* – Carta encíclica sobre algumas questões fundamentais do ensinamento moral da Igreja – João Paulo II

131 Carta às famílias – João Paulo II

132 Diretório para a aplicação dos princípios e normas sobre o ecumenismo – Conselho Pontifício para a Promoção da Unidade dos Cristãos

133 A Liturgia Romana e a inculturação – IV Instrução para uma correta aplicação da Constituição Conciliar sobre a Liturgia – Congregação para o Culto Divino

134 A interpretação da Bíblia na Igreja – Comissão Pontifícia Bíblica

135 *Congregavit nos in unum Christi amor:* a vida fraterna em comunidade – Congregação para os Institutos de Vida Consagrada e as Sociedades de Vida Apostólica

136 A vida consagrada e a sua missão na Igreja e no mundo – Sínodo dos Bispos

137 *Tertio Millennio Adveniente* – Carta apostólica sobre a preparação para o ano 2000 – João Paulo II

138 Carta às crianças no Ano da Família – João Paulo II

139 *Evangelium Vitae* – Carta encíclica sobre o valor e a inviolabilidade da vida humana – João Paulo II

140 Carta aos sacerdotes por ocasião da Quinta-feira Santa de 1995 – João Paulo II

141 *Orientale Lumen* – Carta apostólica no centenário da *Orientalium Dignitas* do Papa Leão XIII – João Paulo II

142 *Ut unum sint* – Carta encíclica sobre o empenho ecumênico – João Paulo II

143 Mensagem por ocasião do 50º aniversário do fim da 2ª Guerra Mundial na Europa – João Paulo II

144 Carta às mulheres – João Paulo II

145 *Ecclesia in Africa* – Exortação apostólica pós-sinodal sobre a Igreja na África e a sua missão evangelizadora rumo ao ano 2000 – João Paulo II

146 Mensagem para a celebração do Dia Mundial da Paz (1º de janeiro de 1996) – João Paulo II

147 *Vita Consecrata* – Exortação apostólica pós-sinodal sobre a vida consagrada e a sua missão na Igreja e no mundo – João Paulo II

148 Sexualidade humana: verdade e significado – Orientações educativas em família – Conselho Pontifício para a Família

149 Diálogo e anúncio – Conselho Pontifício para o Diálogo Inter-religioso

150 Preparação para o sacramento do matrimônio – Conselho Pontifício para a Família

151 Encontro com Jesus Cristo vivo, caminho para a conversão, a comunhão e a solidariedade na América – *Lineamenta* – Assembléia Especial para a América

152 A fome no mundo – Um desafio para todos: o desenvolvimento solidário – Conselho Pontifício "Cor Unum"

153 Ética da publicidade – Conselho Pontifício para as Comunicações Sociais

154 Instrução acerca de algumas questões sobre a colaboração dos fiéis leigos no sagrado ministério dos sacerdotes – Conselho Pontifício para os Leigos

155 Para uma melhor distribuição da terra: o desafio da reforma agrária – Conselho Pontifício "Justiça e Paz"

156 A dimensão ecumênica na formação dos que trabalham no ministério pastoral – Conselho Pontifício para a Promoção da Unidade dos Cristãos

157 Normas fundamentais para a formação dos diáconos permanentes – Diretório do ministério e da vida dos diáconos permanentes – Congregação para a Educação Católica e Congregação para o Clero

158 *Dies Domini* – Carta apostólica sobre a santificação do domingo – João Paulo II

159 *Ad Tuendam Fidem* – Carta apostólica sob forma de motu próprio com a qual são inseridas algumas normas no *Código de Direito Canônico* e no *Código dos Cânones das Igrejas Orientais* – João Paulo II

160 *Fides et Ratio* – Carta encíclica sobre as relações entre fé e razão – João Paulo II

161 *Incarnationis Mysterium* – Bula de proclamação do Grande Jubileu do Ano 2000 – João Paulo II

162 Diálogo católico-pentecostal: evangelização, proselitismo e testemunho comum – Conselho Pontifício para a Promoção da Unidade dos Cristãos

163 *Ecclesia in America* – Exortação apostólica pós-sinodal sobre o encontro com Jesus Cristo vivo, caminho para a conversão, a comunhão e a solidariedade na América – João Paulo II

164 *Cooperatio Missionalis* – Instrução da Congregação para a Evangelização dos Povos

165 A dignidade do ancião e a sua missão na Igreja e no mundo – Conselho Pontifício para os Leigos

166 A colaboração interinstitutos para a formação – Congregação para os Institutos de Vida Consagrada e as Sociedades de Vida Apostólica

167 Carta aos artistas – João Paulo II

168 O dom da autoridade (Autoridade na Igreja III) – Comissão Internacional Anglicana-Católica Romana

169 Para uma pastoral da cultura – Conselho Pontifício da Cultura

170 O santuário: memória, presença e profecia do Deus vivo – Conselho Pontifício para a Pastoral dos Migrantes e Itinerantes

171 Carta sobre a peregrinação aos lugares relacionados com a história da salvação – João Paulo II

172 *Verbi Sponsa* – Instrução sobre a vida contemplativa e a clausura das monjas – Congregação para os Institutos de Vida Consagrada e Sociedades de Vida Apostólica

173 O presbítero: mestre da Palavra, ministro dos sacramentos e guia da comunidade, em vista do terceiro milênio – Congregação para o Clero

174 Carta aos anciãos – João Paulo II

175 Carta aos sacerdotes por ocasião da Quinta-feira Santa de 2000 – João Paulo II

176 Ética nas comunicações sociais – Conselho Pontifício para as Comunicações Sociais

177 Mensagem para o Jubileu nos cárceres – João Paulo II

178 Mensagem por ocasião da XV Jornada Mundial da Juventude – João Paulo II

179 Mensagem para o Dia Missionário Mundial de 2000 – João Paulo II

180 *Novo Millennio Ineunte* – Carta apostólica no início do novo milênio – João Paulo II

181 Mensagem para a celebração do Dia Mundial da Paz (1º de janeiro de 2002) – João Paulo II

182 *Misericordia Dei* – Carta apostólica sob forma de motu próprio sobre alguns aspectos da celebração do sacramento da penitência – João Paulo II

183 *Rosarium Virginis Mariae* – Carta apostólica sobre o Rosário da Virgem Maria – João Paulo II

184   Mensagem para o XL Dia Mundial de Oração pelas Vocações – João Paulo II

185   *Ecclesia de Eucharistia* – Carta encíclica sobre a Eucaristia na sua relação com a Igreja – João Paulo II

186   *Pastores gregis* – Exortação apostólica pós-sinodal sobre o bispo, servidor do Evangelho de Jesus Cristo para a esperança do mundo – João Paulo II

187   *Mane nobiscum Domine* – Carta apostólica ao episcopado, ao clero e aos fiéis – João Paulo II

188   *O rápido desenvolvimento* – Carta apostólica aos responsáveis pelas comunicações sociais – João Paulo II

189   *Deus caritas est* – Carta encíclica sobre o amor cristão – Bento XVI

190   *Sacramentum caritatis* – Exortação apostólica pós-sinodal sobre a Eucaristia, fonte e ápice da vida e da missão da Igreja

191   *Summorum Pontificum* – Carta Apostólica sob a forma de motu próprio – Bento XVI

192   *Spe Salvi* – Carta encíclica sobre a esperança cristã – Bento XVI

193   *Caritas in veritate* – Carta encíclica sobre o desenvolvimento humano na caridade e na verdade – Bento XVI

194   *Verbum domini* – Exortação apostólica sobre a Palavra de Deus na vida e na missão da Igreja – Bento XVI

195   *Porta Fidei* – Carta apostólica sob forma de motu proprio pela qual se proclama o Ano da Fé – Bento XVI

196   *Africae Munus* – Exortação apostólica pós-sinodal sobre a Igreja na África a serviço da reconciliação da justiça e da paz – Bento XVI

Paulinas

Rua Dona Inácia Uchoa, 62
04110-020 – São Paulo – SP (Brasil)
Tel.: (11) 2125-3500
paulinas.com.br – editora@paulinas.com.br
Telemarketing e SAC: 0800-7010081